経営者が知らない
資金調達8つの方法

Takuya Fukuda 福田拓哉

幻冬舎MC

経営者が知らない
資金調達8つの方法

福田拓哉
Takuya Fukuda

はじめに

「新規事業の立ち上げのためにまとまった資金が必要なのだが……」

「販売好調につき新しい工場を建設したいのだが……」

「画期的な新製品アイデアがあるので起業したいのだけれど……」

銀行がお金を貸してくれなくて途方に暮れているという経営者や起業家の声をよく聞きます。


みずほ総合研究所が中小企業庁に委託されて実施した調査（平成27年度実施）によると、中小企業が希望する資金調達の方法は、「公的金融機関からの借入」（39・9％）、「事業性を評価した担保・保証によらない借入」（38・1％）、「信用保証協会の保証付借入」（37・4％）の順となっています。

一方同じ調査から、中小企業が実際に借入を受けている方法は、「代表者等の保証による借入」（60・1％）、「信用保証協会の保証付借入」（53・6％）、「不動産を担保とする借入」（48・7％）と担保・保証付の借入の比率が高くなっており、最も希望の多い「公的金融機関からの借入」は35・8％、「事業性を評価した担保・保証によらない借入」は20・3％に留まっています。特に「事業性を評価した担保・保証によらない借入」は、事業規模が小さくなるほど難しいことも、同じ調査から明らかになっています。

以上をまとめると、事業規模が小さくなるほど経営者が希望している「公的金融機関からの借入」や「事業性を評価した担保・保証によらない借入」は困難になっています。

理想的な資金調達ができずに事業拡大や起業をあきらめる経営者も少なくありませんし、高金利の融資に手を出して、返済能力を超えてしまい、倒産・廃業に陥る企業もあとを絶ちません。

「あと1000万円あれば、息を吹き返せるのに……」「300万円あれば、事業が始められるのに……」といったことはよくある話です。こういうときに、いったいどうやって資金調達をしたらいいのでしょうか。

私は、税理士、公認会計士、財務コンサルタント、ベンチャーキャピタリストなど、

１００人を超える専門家が資金調達に関する情報発信を行っているＷｅｂサイト「資金調達プロ」を開設・運営していました。現在はサイトＭ＆Ａにより同サイトは売却しましたが、こうした経歴から日本でも有数の質と量の資金調達に関する最新情報に日頃から接してきたと言っていいでしょう。

その知見から断言できるのが、自社にとって理想の資金調達方法は必ずあるということです。ネット時代となってから、資金調達方法は多様化しており、それらのメリットとデメリットを押さえ、上手に組み合わせることで理想的な資金調達が可能になるのです。

本書では、主要な資金調達方法を網羅して、そのメリット、デメリットや注意点をまとめ、高確率で融資を可能にする方法について解説します。

たとえば、設備投資のための資金と緊急のつなぎ資金を調達する方法は違ってきます。また融資審査が通りにくい金融機関から借りられるようになるためには段階を踏む必要があります。

本書を読むことで、このような「資金調達の考え方」が総合的に理解でき、必要なときに必要な融資を受けられるようになることでしょう。

せっかくのアイデアや商品力があっても、資金がないために失敗する、あるいはスタートラインにさえ立てないのは本当にもったいないことです。

本書が、そのアイデアや商品・サービスで社会に貢献したいと考える志の高い経営者や個人事業主、起業家が、その想いを実現する一助になれば、著者としてそれに勝る喜びはありません。

目次

方法1

公的融資制度

都市銀行の審査ではねられたケースでも、通る可能性あり

方法2

個人投資家・エンジェル投資家

資金面の援助だけでなく、経営アドバイスも受けられる

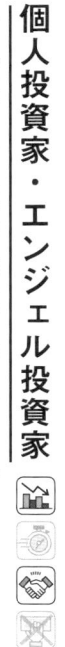

方法3

ベンチャーキャピタル

追加出資、提携先紹介、経営支援……。事業拡大に適したメリットが多数ある

方法4

補助金・助成金
要件さえ満たせば、数万円から数千万円の返済不要の資金が手に入る

方法5

ビジネスローン

最短で即日の調達も可能。高金利でも、緊急で資金が必要なときにメリットあり

方法6

クラウドファンディング

世界規模で急拡大中。協業、協賛企業を見つけられる可能性も秘めている

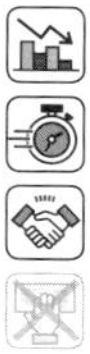

方法7

ファクタリング

BtoBビジネスに最適。支払期限が長期にわたる売掛金の現金化ができる

方法8

その他
フィンテック、仮想通貨……。資金調達の方法はまだまだある

本書に記載されている情報に関しては万全を期していますが、内容を保証するものではありません。また、本書の情報を利用した結果による、損害・損失については、著者・執筆協力者および出版社はいかなる責任も負いかねます。本書の情報は、２０１８年５月末現在のものであり、今後変更されることがあります。

序章
「資金調達は銀行からするもの」という先入観が失敗のモト。自社にあった調達方法を知らずに損している経営者たち

事業にはお金がかかる

既に何年も企業経営をしている方や個人事業を継続している方には言わずもがなの話ですが、事業にはお金がかかります。

事業にかかるお金を「事業資金」と言いますが、使いみちとしては大きく、仕入れや諸経費の支払いなどに使う「運転資金」と、車両や機械の購入などに使う「設備資金」があります。どんな事業であろうとも、金額の多い少ないはありますが、この2つの資金が必要になります。

SOHO（Small Office/Home Office）と言われるような自宅でできる小規模ビジネスであれば、起業前に貯めたお金で始められることもありますが、それでもビジネスが軌道に乗って拡大したいと考えれば、資金を調達する必要が出てくるものです。

また小さくてもモノづくりのための工場を持ったり、店舗経営をしたりしようとすれば、通常は数百万円から数千万円程度の事業資金が必要となります。元手なしで始められる事業もありますが、リスクが小さい代わりに利益も少ないため失敗しやすいですし、軌道に乗せるのも大変です。

事業をするためにはやはり、今すぐに必要がないとしても、資金調達方法について知っておくべきだと考えます。

資金調達は大きく3つに分類される

事業資金の調達には大きく３つの方法があります。

１つ目は株式発行や社債発行によるもので、間に金融機関を介さないことから「直接金融」と言います。株式は金融機関である証券会社から購入しますが、これは証券会社が仲介機能を果たしているだけで、証券会社が利息を取るわけではないので直接金融になります。本書に出てくるベンチャーキャピタルやクラウドファンディングも直接金融の一種です。

２つ目は「間接金融」で、これは金融機関からの借入になります。返済するときには利息をつけて返済しなければなりません。これをなぜ間接金融と言うかといえば、金融機関が貸主を募って集めたお金を貸し出すからです。つまり、借り手が貸主と直接結びつかないので「間接」なのです。ちなみに銀行の場合は、預金者が貸主です。

3つ目は「補助金・助成金」で、これは国や自治体などの公共機関が有望なビジネスに対して無償で資金援助するものです。審査に通るのはハードルが高いのですが、返済が不要なのが魅力です。

お金は銀行から借りるものという考え方は時代遅れ

ここまでの話でも、事業資金の調達方法は数多くあることがお分かりでしょう。しかし、多くの経営者は、事業資金は銀行から借りるものという先入観を持っているようです。

たしかに戦後しばらく続いた高度経済成長期には、銀行が事業資金調達の最もポピュラーな方法でした。しかし1990年代初頭にバブルが弾けてからは、銀行の融資審査がそれ以前よりもずっと厳しくなり、中小企業や個人事業主が銀行から事業資金を借りることが難しくなりました（これを「貸し渋り」と言います）。特に都市銀行から十分な資金を調達するのは至難のわざと言えます。

かといって銀行よりも金利の高い消費者金融やクレジット会社などのノンバンクに多額の借金をするのもリスクが大きく、できれば避けたいところです。ただし、運転資金が急ぎで必要であり、それほど多額でなければノンバンクは有効な借入手段であることは、強調しておきたいと思います。

一方でＩＴ時代・ネット時代となり、資金調達の方法は多様化しています。前述したクラウドファンディングなどはネット時代だからこそ普及している調達方法ですし、ここ数年で名前が知られるようになったフィンテック（FinTech、金融とＩＴの融合）による資金調達方法も出てきています。また日本では遅れていると言われていたベンチャーキャピタルも最近では有力な資金調達方法となってきています。

お勧めの資金調達方法はこの７つ

本書では、ビジネスの拡大、設備投資、起業などで早期の資金調達が必要な方々にとって現実的、すなわちすぐに取り組める資金調達方法を選りすぐって紹介します。

具体的には以下の７つの方法です。

①公的融資制度（日本政策金融公庫）
②エンジェル投資家
③ベンチャーキャピタル
④補助金・助成金
⑤ビジネスローン
⑥クラウドファンディング
⑦ファクタリング

これらの方法そのものの説明、主なメリット・デメリット、融資成功のコツなどについて、次章以降で述べていきます。

さらに、これら以外のフィンテックや仮想通貨による資金調達など、最新の方法についても紹介します。

自社の状況や信用度に合わせて調達方法を組み合わせる

たとえば、「つなぎ資金」と言われるような取り急ぎの運転資金が必要な場合がありま す。そのようなときに審査に1カ月から数カ月の時間がかかる公的融資制度や補助金を充当しようと考えるのは適切ではありません。ビジネスローンやファクタリングを検討すべきでしょう。

また起業したばかりなど、会社や経営者個人への信頼度が低い段階で、高額や低金利の融資を求めるのは極めて困難です。低額融資で返済実績を積んで、徐々に高額で低金利の融資に申し込んでいくのがセオリーです。

このように自社の状況や信用度に合わせて、最適な資金調達方法を組み合わせていくことが、資金調達の最大のコツだと言えます。

事業資金調達成功のための3つのポイント

現時点での最適な資金調達方法が分かったとして、資金調達に成功するためにはどのようなポイントを押さえておくべきでしょうか。
大きく3つのポイントがあります。

●調達方法そのものを知る

まず調達方法そのものの知識が必要です。窓口（金融機関や運営組織）や必要な書類、手続き、担保や保証人の有無等についてしっかりと把握しましょう。

●審査で重視されるポイントを知る

調達方法それぞれに何らかの審査またはそれに替わるものがありますが、重視されるポイントもそれぞれ違います。

事業計画、つまり将来どうするかが重視される調達方法で、過去の実績を強調しても通りません。あるいは事業計画自体作成に時間も手間も掛かりますが、それほど重視されない調達方法で、それを一生懸命作成するのはムダなことだと言えます。

資金調達も大切な経営要素ですが、時間は可能な限り事業そのものに使うようにすべきです。

・難易度が低い調達方法で100％の融資を目指す

調達方法には難易度があります。金融機関で言えば、一般的には、銀行＞公的融資＞ノンバンクの順と言われます。まずは難易度の低い調達方法で100％の融資を目指すべきです。返済実績を積み重ねていけば、信用度が高くなっていき、難易度の高い調達方法も通りやすくなってきます。

段階を踏んで、より有利な融資の難易度を下げていく努力が必要です。他には信用保証協会を通す、公的融資を受ける場合には同じ公的融資の利用者を保証人につけるなどが、難易度を下げる方法になります。

次章以降では調達方法ごとに、以上の3つのポイントが分かるように説明していきます。

方法1　公的融資制度

都市銀行の審査ではねられたケースでも、通る可能性あり

公的融資制度とは？

起業や事業拡大に必要な資金を準備する方法は数多く存在します。その中でも比較的ハードルが低いのが公的融資制度です。

公的融資制度とは、政府や自治体などの公的機関が行う融資のことです。

会社が設立されたり事業規模が拡大されたりすると新たな雇用が生まれ、産業の発展や地方の活性化、さらには景気の上昇やそれに伴う税収の増加など、国の利益へと発展します。このため、国や地方自治体は積極的に創業資金融資や事業融資を行っているのです。

また公的機関では、会社が倒産しないよう運転資金の貸し付けを行ったり、倒産した会社

には再生資金を融資したりするなど、さまざまな支援制度を設けています。

したがって公的融資制度では、これが最大のメリットになりますが、民間系金融機関と比較すると審査が比較的通りやすいと言えます。もちろん適切な事業計画がなければ審査は通りませんが、銀行などと比較すると創業したばかりの企業でも借りやすいのです。

そのためアイデアと勝算は持っていながら、それを実現する資金がないという企業に重宝されています。

公的融資制度の中でも、銀行からの資金調達が難しい個人事業主や中小企業に対して積極的に融資を行っており、会社経営者や個人事業主にとって心強い存在である日本政策金融公庫について紹介し、融資審査を通すコツについて述べていきます。

日本政策金融公庫とは？

日本政策金融公庫とは、株式会社日本政策金融公庫法に基づいて２００８年に設立された財務省所管の特殊会社です。正式な略称は「日本公庫」になります。

前身は、国民生活金融公庫、農林漁業金融公庫、中小企業金融公庫の３つの政策金融機関で、これらが担っていた業務を引き継いでいます。一時期、国際協力銀行の国際金融等業務も担当していましたが、こちらは２０１２年に分離しました。

沖縄県を除く46都道府県が営業エリアになります。沖縄県では、沖縄振興開発金融公庫が日本政策金融公庫の代わりとして機能しています。

日本政策金融公庫のメリット

日本政策金融公庫のメリットは、４つあります。以下にそれぞれについて詳しく見ていきましょう。

①他の金融機関と比べて圧倒的に低金利である

日本政策金融公庫を利用する最大のメリットは、他の金融機関と比べて金利が圧倒的に低いことです。

同じ１００万円の融資を受けた場合、日本政策金融公庫では、事業者の信用度合いによって利息は異なりますが、おおよそ年2・0％程度の利息で済みます。同じ金額を消費者金融で借りた場合にはおおよそ18・0％の利息が必要です（利息はあくまで2018年5月時点での目安です）。

低金利だと言われている銀行でも、100万円の融資を受けた場合、利息は10％を超えるケースがほとんどです。特に300万円以下の小口融資において、利息の差はより大きく感じられます。

低金利で融資を受けるほうが、当然ですが、リスクは少なく、借入負担も最小限で済ませることができます。

②他の金融機関で審査が通らなくても通る可能性がある

日本政策金融公庫の融資は、審査の可決率が高いのが特徴です。創業してから何年も事業を続けてきた個人事業主や中小企業はもちろん、まだ実績の少ない起業家でもスムーズに融資が受けられる可能性があります。

個人事業主や中小企業、実績の少ない起業家は、金融機関の融資が受けにくいものです。これは給与所得者と比較すると一般的に収入が不安定だと考えられているからです。

実績が少なかったり、規模が小さかったりする中小企業や個人事業主は、銀行融資が受けにくく、資金調達に苦労を強いられる傾向があります。

一方、日本政策金融公庫は、同社Ｗｅｂサイトにおいて、以下の基本理念を掲げています。

国の政策の下、民間金融機関の補完を旨としつつ、社会のニーズに対応して、種々の手法により、政策金融を機動的に実施する。

また個人事業主をはじめとした中小企業や小規模事業の支援については、次のような経営方針を掲げています。

イ　雇用の維持・創出など地域経済を支える中小企業・小規模事業者及び農林漁業者等の活力発揮に向けた支援を推進する。

ロ　地方自治体の総合戦略等の地域プロジェクトへの参画など、日本公庫の総合力を発

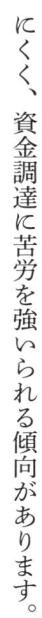

揮し、地域の活性化に貢献する。

ハ　地域に根ざした活動を展開し、地域社会への貢献に取組む。

つまり、小さな会社・事業の資金不足を助けるのが、日本政策金融公庫の役割なのです。

③融資の相談がしやすく、事業のアドバイスもしてくれる

日本政策金融公庫では、親身になって融資や会社についてアドバイスをしてくれます。

これは、日本政策金融公庫の以下の経営方針によるものです。

イ　お客さまの立場に立って親身に応対し、身近で頼りになる存在を目指す。

ロ　商品力を高めるとともに、コンサルティング機能・能力の充実を図ることでサービスの質を向上し、資金と情報を活用することにより、政策金融を必要とするさまざまなお客さまのニーズに迅速かつ的確に対応する。

この経営方針に基づき、日本政策金融公庫の担当者は話しやすく、相談しやすい態度で接してくれます。

特筆すべきはコンサルティングを行い、各企業の発展を支えるのも日本政策金融公庫の役割だということです。融資だけでなく、事業の発展や今後の展開について的確なアドバイスをしてくれます。

融資を受けるかどうかに関わらず、最寄りの日本政策金融公庫で、専属の税理士や中小企業診断士による経営に関するアドバイスを無料で受けることができます。

また日本政策金融公庫では、1回の返済金の減額交渉（リスケジュール、略してリスケ）もできます。返済が難しい場合には、支払うべき金額を圧縮して、返済期間を延長してくれます。資金繰りが厳しい場合は減額申請を行い、経営状態が良くなったタイミングで通常の返済に切り替えることができるのです。

④他の金融機関の審査が通りやすくなる

日本政策金融公庫の審査が可決されると、融資を受けた実績が残ります。このため、銀行をはじめとした民間の金融機関でも、今後の審査が通りやすくなります。銀行の審査が厳しい場合には、先に日本政策金融公庫で融資を受けることをお勧めします。借入の実績を積み重ねていけば会社の信用も増し、他での融資もスムーズになります。

日本政策金融公庫のデメリット

日本政策金融公庫のデメリットは、２つあります。

①審査に日数が掛かる

日本政策金融公庫の審査は、一般の金融機関に比べて長い時間が掛かります。消費者金融機関が数日、銀行が１週間程度で融資を実行するのに対し、日本政策金融公庫の審査は３週間から１カ月掛かります。これは、日本政策金融公庫が「融資専門の金融機関である」ためです。

たとえば、メインバンク口座のお金の動きは、その銀行の担当者であれば簡単に把握することができます。しかし日本政策金融公庫は預金受け入れ業務を扱っていませんので、審査の一環としてお金の動きを知りたいと思ったら、いちいちメインバンクの通帳を見て残高、決済状況、毎月の収支、資金繰り具合などを確認する必要があります。複数の銀行口座を持っていれば、それらを全て確認します。したがって時間が掛かるのです。

日本政策金融公庫から融資を受けたい場合には、時間的な余裕が必要であり、急場をしのぐためのつなぎ資金が必要であれば、別の資金調達方法を検討する必要があります。

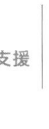

②保証人が必要になる

日本政策金融公庫を利用する上で、一番の障害となるのは保証人の問題かもしれません。多くの場合、融資にあたっては保証人が必要となります。

銀行であれば「定期預金の◯倍までは、無担保・無保証で融資」ということもできるのですが、日本政策金融公庫は預金受け入れ業務を扱っていないのでそういった手段は使えません。

保証人を探すのなら、日本政策金融公庫で融資を受けている人を探すのがお勧めです。融資が通りやすくなります。事業融資の審査は本人だけでなく、保証人の返済能力についても慎重な審査が実施されます。

このため、日本政策金融公庫と付き合いのある事業主がいれば、よりスムーズに審査が通りやすくなるのです。日本政策金融公庫で融資を受けた方なら保証人に関する理解も大きいので、協力してもらえる可能性が高くなります。

どうしても保証人が見つからない場合には、保証人が不要な制度もありますので、その対象にならないかを確認してみましょう。

たとえば、新たに事業を始める人や事業を開始して間もない人が無担保・無保証人で利用できる「新創業融資制度」があります（２０１８年5月時点）。

その他、日本政策金融公庫のＷｅｂサイトで、「無保証人」をキーワードに「サイト内検索」をすれば、いくつか見つかります。制度については、国の政策次第で新設・廃止されたり、内容が変更されたりしますので、常に最新のものをチェックするようにしてください。

融資審査のための書類作成と準備の進め方

日本政策金融公庫の申請に、共通する「必要書類」は、以下の通りです。

①借入申込書（日本政策金融公庫のＷｅｂサイトからダウンロードできます）

②直近2期分の確定申告書
③最新の決算書（まだ決算前だが起業して半年を経過している場合は、最新の試算表）
④法人の登記簿謄本
⑤代表者の身分証明書（運転免許証またはパスポート。どちらもないときは問い合わせする）

最寄りの日本政策金融公庫の支店または事業資金相談ダイヤルで書類の作成方法について説明を行っていますので、分からないことがあれば何でも相談するのがよいでしょう。回答に時間が掛かりますが（通常10営業日内に回答）、インターネットでも各種相談に応じています。

借入の申し込みには、以下の添付書類が必要となります。

・創業計画書（日本政策金融公庫のＷｅｂサイトからダウンロードできます）
・見積書（設備資金の申し込みの場合）

・履歴事項全部証明書または登記簿謄本（法人の場合）
・不動産の登記簿謄本または登記事項証明書（担保を希望する場合）
・都道府県知事の「推せん書」または、生活衛生同業組合の「振興事業に係る資金証明書」（生活衛生関係の事業を営む場合）

以上が、法人が融資を受ける場合に必要な書類です。

個人事業主は基本的に、①借入申込書、②直近２期分の確定申告書、③最新の決算書（または試算表）だけで申請できます。ただ、融資制度によって必要な書類は変わってきます。どの書類が必要なのか、各制度の概要を必ずチェックして書類を準備しましょう。

繰り返しになりますが、融資制度は国の政策次第で新設・廃止・変更があり得ます。常に最新の融資制度を、日本政策金融公庫のＷｅｂサイトで確認するようにしましょう。

借入申込書は、必要事項に空欄がないよう、きちんと記入しましょう。必要な書類は、日本政策金融公庫のＷｅｂサイトからダウンロードできます。記入例もダウンロードできますので、それぞれの記入例を見ながら、正しい書式で書類を作成しましょう。

日本政策金融公庫の融資審査を通す3つのコツ

日本政策金融公庫で融資を可決させるコツは以下の3つです。

これらを押さえておけば、日本政策金融公庫の審査に通る可能性は大幅に向上します。以下にそれぞれを詳しく見ていきましょう。

①まず小口融資で実績をつくる

融資の申し込みが初めての場合は、慎重な審査が行われます。このため200万円の融資を希望しても、100万円しか可決されないというケースは珍しくありません。

借入の実績があればあるほど、信用が増します。初回よりも2回目、2回目より3回目の申し込みのほうが、希望する金額が可決されやすくなります。

日本政策金融公庫との付き合いは長い目で見るべきです。地道にコツコツと信頼関係を築くのが希望融資額を100%通す一番の近道です。

大口融資を希望される方も、最初の段階では小口融資で、審査や借入の経験を積んでください。日本政策金融公庫の平均融資単価は700万円程度と言われていますが、これはあくまでも平均の金額です。実際には大口融資が平均金額を引き上げていますので、最も数的に多い融資金額は300万円から500万円といったところだと推定されます。

申込金額については、妥当なものであるかどうかも大切です。ポイントとなるのは、資金使途（借入金の使いみち）と事業規模の2点となります。

事業資金については、大きく分けて仕入れや諸経費の支払いなどに使う「運転資金」と、車両や機械の購入などに使う「設備資金」があります。

運転資金については、事業の規模に対して過大であったり過小であったりしないかがチェックされます。たとえば仕入れに使う資金だとしたら、月々の仕入れ代金の数カ月分が妥当な金額だと言えます。

妥当な金額は業種によっても変わってきます。町の飲食店のように、毎日即座に現金が入るような業種であれば、それほどの仕入れ資金は必要ありません。仕入れ単価が高かったり、在庫を長く持ったりする業種であれば、より多くの仕入れ資金が必要になります。

設備資金についても同様に、過大であったり不要な投資であったりしないかがチェックされます。鮮魚店が配達用の車両を購入したいと言えば通りやすいですが、街の美容室が顧客の送迎用に高級車両を購入したいと言ったらおそらく難しいでしょう。

日本政策金融公庫は、事業資金のみを融資する専門の機関です。したがって資金の使いみちと金額の大小については厳しくチェックします。何となく申込金額を決めると、審査はなかなか通りません。

②審査担当者の上司への「プレゼンテーション」を支援する

日本政策金融公庫に融資を申し込む際には、通常は一度支店に出向き、審査担当者と面談をすることになります。以降、融資が決まるまでのやり取りに関しては、原則としてこの審査担当者が窓口になります。

面談では、取引先の名前や資金使途や決算書の不明な点など、かなり突っ込んだことまで聞かれます。これらについて、審査担当者が納得できるようにあなたは答えなくてはいけません。

しかしスラスラと答えられないといけないということはありません。言いよどんだり間違ったことを言ってしまったりすることもあるでしょう。中には経理担当者に確認しないと分からないこともあるかもしれません。

これらについては問題ありません。大切なことは、あなたの企業の弱点と強みの両方を、審査担当者が上司に説明できるように、真摯に正直に答えることです。

あなたが直接顔を合わせるのは、おそらく審査担当者だけです。しかし審査担当者は、あなたの企業が審査を通過できるように、決裁権限を持つ上司に「プレゼンテーション」をする立場なのです。

ですから、その「プレゼンテーション」が上手くいくように、あなたはできる限りの材料を提供すべきなのです。中には説明したくないことや、自分にとって不利な話もあるかもしれませんが、それを審査担当者に隠してはいけません。

あなたの企業の弱点とそれをも上回るだけの強みが審査担当者に伝われば、審査担当者はあなたのために頑張って「プレゼンテーション」をしてくれることでしょう。

日本政策金融公庫の理念や経営方針を思い出してください。審査担当者は、基本的にはあなたの味方なのです。

③申込金額によって保証人を考える

日本政策金融公庫という機関は、いわば国が経営する金融機関です。政府の方針や社会通念の変化などにより、融資制度が新設されたり廃止されたりすることがあり得ます。

しかし、（既に述べたように保証人が不要の融資制度もありますが）融資をするにあたって原則として保証人が必要という基本姿勢は大きくは変わらないでしょう。

では、どのような人が保証人にふさわしいでしょうか。よくあるのは、土地を持っているが年金暮らしの父親と、賃貸マンションに住んでいるが一流企業に長年勤める兄のどちらが保証人にふさわしいのか、という選択肢です。

結論を申し上げると、どちらがよいかは申込金額によってケースバイケースです。

たとえば、２００万円の融資を毎月４万円の50回払いで返済するケースと、１０００万円の融資を毎月20万円の50回払いで返済するケースとでは、保証人に求められる能力は違ってきます。

前者のような借入を望むのであれば、保証人はお兄さんのほうがふさわしいと考えられます。お金を貸す側としては、万が一あなたの返済が滞っても、毎月４万円程度の返済ならばお兄さんが肩代わりしてくれると考えるでしょう。

一方、後者のような大きな借入を望むのであれば、お父さんのほうがふさわしいでしょう。毎月20万円の返済を肩代わりできるサラリーマンはなかなかいないからです。であれば、土地を処分すれば一括で返済できる可能性があるお父さんが保証人のほうが融資をしやすいと考えるはずです。

実際には、お兄さんとお父さんの両方に保証人になってもらったり、お父さんに保証人になってもらうのではなく土地に抵当権を設定したりするというケースもあります。

融資結果を決めるのは、審査だけではありません。書類の内容と、経営者として信頼に値するかどうかが、融資結果を左右します。ですので申し込みの前から慎重に行動しましょう。融資の相談をする時点から審査が始まっていると言っても過言ではありません。

日本政策金融公庫は国の融資だから、気軽に申し込めるというのは間違いではありません。しかし、経営者としてだらしない姿を見せていては、融資可決が厳しくなります。返済能力があり、地域の発展や雇用創出に役立つ企業として、日本政策金融公庫から信頼される経営者としての振る舞いを忘れないでください。

方法2　個人投資家・エンジェル投資家
資金面の援助だけでなく、経営アドバイスも受けられる

エンジェル投資家とは？

エンジェル投資家とは、起業を助ける個人投資家のことです。

通常、創業間もない起業家は、資金調達の面で苦労を強いられます。創業時は説明できる実績がないため、銀行や金融機関、ベンチャーキャピタルの融資を受けにくいからです。

エンジェル投資家はこのような問題を解決してくれます。

金融機関やベンチャーキャピタルに比べて融資してくれる金額は少ないですが、起業家に必要な資金だけでなく、人脈を活かしたビジネス面でのバックアップ、精神的サポートなど、次世代起業家を応援してくれるのも特徴です。

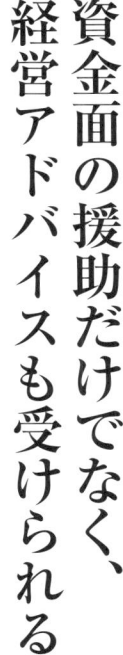

元々は欧米の演劇業界や映画業界から発生した言葉です。ブロードウェイやハリウッドなどでは、興業や映画制作に対して資金出資などの支援をする個人のことを「エンジェル」と呼んでいました。これがビジネスの世界でも広がり「エンジェル投資家」という言葉が生まれました。

大まかに位置づければ、家族や友人からの借金と金融機関からの融資の中間と考えるといいでしょう。

金融機関やベンチャーキャピタルは審査が厳しい分、融資の金額は大きくなりますが、エンジェル投資家の場合は、日本円に換算して500〜2000万円といった少額融資が大半を占めます。

日本ではまだあまりなじみのないエンジェル投資ですが、海外ではベンチャーキャピタルに並ぶメジャーな投資法として知られています。

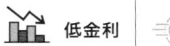

元起業家が多いエンジェル投資家

エンジェル投資家の多くは、引退した起業家や実業家です。そのため、エンジェル投資家は資金を提供するだけではなく、起業した事業が軌道に乗るように、第一線で活躍する経営者を紹介したり、経営についてのアドバイスを行ったりなどしてくれます。

エンジェル投資家は出資をする代わりに、支援した会社の株を取得するケースがほとんどです。起業家の事業が成功し株式を公開すれば、エンジェル投資家は大きな利益を手に入れることができます。しかし新規事業を軌道に乗せることは難しく、エンジェル投資家は「失敗するリスク」を覚悟の上で支援しています。そこで少しでもリスクを減らすために、経営のアドバイス等を積極的に行うわけです。

エンジェル投資家の活躍した場所として有名なのが、シリコンバレーです。シリコンバレーの発展を支えたのは、著名なエンジェル投資家たちでした。

Google、Yahoo!、Facebook、Twitterなど今をときめく巨大企業の成功は、エンジェル投資家の支援なくしては不可能でした。

シリコンバレーでの経緯があったため、日本でもＩＴ分野を中心にエンジェル投資が少しずつ注目を集めるようになってきました。そしてＩＴ分野で成功した元起業家の多くが、若手の起業や経営支援を積極的に行っています。

第三者割当増資とは？

第三者割当増資とは、株主であるかどうかに関わらず、特定の第三者に対して募集株式を割り当てることです。株式を公開した際には、株価×株式数がこの第三者の利益となります。

先ほど「エンジェル投資家は出資をする代わりに、支援した会社の株を取得するケースがほとんどです」と書きましたが、これはまさに「第三者割当増資」のことです。

後述するベンチャーキャピタルも、第三者割当増資を引き受ける条件で出資を行うことがほとんどです。

エンジェルリストが投資の歴史を変えた

アメリカには「エンジェルリスト」という、起業家とエンジェル投資家を結びつける巨大SNS（ソーシャルネットワーキングサービス）が存在します。エンジェルリストには、出資をしているエンジェル投資家と彼らが過去に投資した先や出資状況が掲載されています。投資家から他の投資家に呼びかけて、将来性のある起業への投資や支援を呼びかけることもできます。

２０１２年までのアメリカでは、不特定多数のエンジェル投資家を募ることが法律で禁止されていました。

しかし、オバマ大統領の署名したJOBS Act法により、ベンチャー企業の資金募集を複数の投資家に向けて公開することが可能になり、エンジェルリストが運営されるようになったのです。

エンジェルリストができたことで、ベンチャー企業とエンジェル投資家の間でのベンチャーキャピタルの介在は不要となり、個人間の投資がより活発化しています。ベンチャーキャピタル側から見ると、管理費を必要としないエンジェル投資は大きな脅威となっています。

エンジェル投資家から投資を受けるメリット

エンジェル投資家から投資を受けるメリットは、出資してもらう代わりに株式を割り当てるので、金利や担保が不要なことです。

しかしそれ以上に、元起業家として活躍したエンジェルたちの知恵やアドバイスを受けることができるのが大きいと言えます。彼らは幅広いコネクションを活かして、事業が軌道に乗るのを積極的にサポートしてくれます。なぜならあなたの成功が、彼らにとっても利益になるからです。

メンターとして、精神的なサポートや育成まで行うエンジェル投資家も多いのです。

エンジェル投資家から投資を受けるデメリット

エンジェル投資家から投資を受けるデメリットとしてまず挙げられることは、資金調達までに時間が掛かることです。後述する「エンジェル投資家から出資を受けるための4つのステップ」を踏むには、早い人でも半年、普通は数年掛かるでしょう。ですので起業前、できれば会社員時代や学生時代から始めることが望ましいと言えます。

もし既に独立・起業しているのであれば、他の融資方法で資金をつなぎながら、並行して「4つのステップ」を踏んでいくことです。

他のデメリットとしては、エンジェル投資家の影響力が大きすぎると弊害があるということです。

ほとんどのエンジェル投資家は一定の距離を置いてくれますが、中には会社経営にまで首を突っ込むエンジェル投資家が存在します。金も出すが、口も出すという人たちです。そういう投資家に当たってしまうと、窮屈な思いをすることになります。

また株の割り当て率が高すぎるエンジェル投資家がいて、創業者の持ち株比率があまりにも低ければ、役員人事に影響を持たれるなど経営面の問題を抱えますし、会社売却をする場合には損をする怖れがあります。

では、エンジェル投資家の影響力を大きくしすぎないためにはどうしたらいいのでしょうか。海外の著名なエンジェル投資家は、次のようにアドバイスしています。

「安易な投資を受けるのではなく、可能な限り自己資金運営できるようにしなさい。自己資金で運営をすれば、売却時に損をしないで済むのだから」と。

スタートアップは資金繰りに苦労しますが、自己資金で運営できれば、売却時に大きな資金が手に入ります。エンジェル投資家の投資を受ける際には、出資比率を大きくしすぎないように心がけ、資金以外のコネクションや知識、情報等を得ることを優先しましょう。またエンジェルを募る際には、「尊敬できる人物」に限りましょう。尊敬できない投資家から支援が得られたとしても、経営で窮屈な思いをするだけです。

事前の取り決めも重要です。株価の配分や投資に関する約束事は双方に誤解のないよう、お互いが納得できるまで何度も、話し合うようにしましょう。

エンジェル投資家から出資を受けるための4つのステップ

どんな企業でも、スタートアップ資金が必要です。自己資金で全てまかなえればいいのですが、大半の起業家は目標額の4分の1から半分程度しか自己資金を用意できていません。そこで外部から資金を調達する必要が出てきます。その調達手段として、起業アドバイスも受けられるエンジェル投資は起業家にとってメリットの大きい方法です。

それでは、起業家がエンジェル投資家から資金調達を受けるためにはどうしたらいいでしょうか？

以下の４つのステップをじっくりと踏んでいくことが重要です。以下にそれぞれを詳しく見ていきましょう。

①ビジネスプランを真剣に考える

まずは、ビジネスプランを作成します。ブレインストーミングでできる限り多くのアイデアをリストアップし、関連するものを結びつけてから取捨選択し、残ったものを練り上げて、自分の考えを簡潔に分かりやすくまとめます。

どんなに優れたアイデアでも、言葉として相手に伝わらなければ意味がありません。アイデアをどのように売上につなげていくのか、市場動向や競合他社を調査し、中長期のビジネスプランを文書としてまとめましょう。

長々と書いた文章は読みにくく、肝心な部分が相手に伝わりづらくなります。伝えたいことはシンプルで分かりやすくする必要があります。

伝わりやすいだけではまだ足りません。多くの人に見てもらうためには、ビジネスにあなたならではのストーリーがあることが重要です。エンジェル投資家はアイデアも重視しますが、それ以上に人物を見て投資するかどうかを判断します。将来性のあるワクワクするストーリーを語っているか、それを語る人に魅力があるかどうかなどをシビアに判断するのです。

ビジネスプランそのものに魅力があるかどうかももちろん重要です。どのようにお金を使ってビジネスを進めていき、どこで売上や利益が生まれるのか、その利益をどのように投資家に還元するのか――こういったことを具体的な金額で、シンプルに伝えましょう。

また売上や利益だけでなく、起業することで叶う「幸福の度合い」を伝えるようにしましょう。

エンジェル投資家の心をつかむのは、他にない独創的な才能とアイデア、そして積極的に成功を目指す姿勢です。

夢は大きく、しかしプランはシンプルで成し遂げやすいと感じてもらえるように、文書を構成しましょう。

②知人100人に対して起業について積極的に話す

ビジネスプランがまとまったら、起業することについて家族や友人に積極的に話をしましょう。目標は１００人です。

人に夢を語ることは、夢を実現する第一歩です。なぜなら、起業について話をすれば、自分自身の考えや意志もまとまり、話した相手から役に立つ情報が得られ、出会いの場が広がり、人脈が広がっていくからです。

最初の頃はおそらく、周囲から「そんな夢みたいな話、叶うはずがないよ」と反対されることでしょう。ですが、めげてはいけません。

エンジェル投資家に出資してもらうのは、家族や友人を説得する以上に大変なことです。ですので、家族や友人に反対されたとしても、起業のプランを話し続けましょう。そのぐらいの熱意がなければ、赤の他人に大切なお金を貸してくれるはずはありません。

あなたの熱意が伝われば伝わるほど、周りの人たちは少しずつ協力的になり、有益な情報を提供してくれたり、ひとりでは思いつかなかったアイデアを出してくれたり、有力なコネクションを紹介したりしてくれるようになります。

何よりも夢を話すことにお金は要りません。

無料でチャンスがどんどん広がっていくのですから、ためらっている暇はありません。今からでも、あなたの夢の伝道を始めましょう。

③尊敬する経営者・投資家100人にコンタクトする

100人の知人に起業の夢を語って手応えが出てきたら、次はメンターになってほしい経営者を探し、コンタクトリストを作成しましょう。メンターとは、先駆者や指導者、目標とする人物のことです。

いつかは超えたいと思える、業界のトップランナーたちを知り、コンタクトリストの中にリストアップしてみてください。

コンタクトリストを作ると言っても、個人情報が公開されていない昨今ではなかなか難しいことです。以下にいくつかコツを述べます。

まず、起業の夢を語った100人の知人に、メンターにふさわしい人物を教えてもらったり、実際に会う方法を教えてもらったりしましょう。

メンターになってほしい人物の多くは講演やセミナーで登壇しています。そのようなセミナーに参加して、名刺交換をお願いする方法もあります。中には自ら経営者のコミュニティーを主宰していたり、コミュニティーの中心人物になっていたりする人もいます。その場合には自分もそのコミュニティーに入れてもらい、その中で人を探しましょう。

コミュニティーで出会った人が、コミュニティー外の人や、別のコミュニティーを紹介してくれることもあります。

起業して成功している人は、こうやって人脈を広げながら、同時にメンターも見つけているものです。

コンタクトリストが１００人に達したら、彼らにスタートアップ支援をお願いするメールを送りましょう。メールの最初では必ず「突然メールを送る非礼」を詫び、続けて簡単な自己紹介を載せます。

メールを送る相手は、第一線で活躍する人たちです。一通一通のメールを、時間を掛けてしっかり読む暇はありません。ですので、ダラダラと言葉を連ねた長文メールではまずダメです。

最初の部分でしっかりと相手の興味を惹き、続く本文も簡潔で読みやすく、そうでありながら相手の心をつかむ熱意があるメールでなければなりません。

難しいと思ったら、成功した起業家のインタビュー記事やエンジェル投資家の見つけ方など、先輩のアドバイスを参考にしましょう。こうした記事は、ビジネス系新聞のバックナンバーやＷｅｂマガジンなどにありますので、探してみてください。

１００通送って、１、2通のレスポンスがあれば大成功です。

④経営者・投資家のアドバイスを受ける

幸いにも経営者や投資家から返事が来たら、会える機会がもらえるか確認してみましょう。ここでも、貴重な時間を割いてもらうことにお礼を述べるなど、丁寧な対応を心がけるのは言うまでもありません。

また、実際に会うことができなくても、Skypeなどの会議システムやメッセンジャーなどで対応してくれる場合もあります。

成功した人の多くは、若い頃に自分も苦労しているので、後輩に対して支援したいという気持ちを持っています。他にはないユニークなアイデアを持っていると思うのであれば、積極的にアピールしましょう。あなたの熱意が伝われば、未来への道がどんどん開いていきます。

エンジェル投資家がネットで見つかるマッチングサイト

エンジェル投資家と起業家をつなげる、国内のマッチングサイトをいくつか紹介しましょう。

・Founder（ファウンダー）　https://found-er.com/

「起業したい」「投資したい」という人たちの想いをつなぐ、起業家とエンジェル投資家の日本最大級のマッチングサイト。日本でも投資を受けられる機会を最大化し、起業家がもっと飛躍できるようなサービスを目指しています。

・エンジェル投資総研　http://www.angel-laboratory.com/

２０１１年9月に設立されたマッチングサイトの草分け的存在です。起業家へのインタビュー記事を載せたり、エンジェル投資家向けのメールマガジンを発行したりするなど情報提供を積極的に行っています。

・グッドエンジェル　http://angel.good-hills.co.jp/

無料の掲示板を用意している起業家と投資家の情報交換の場です。会員数が多い分安全な相手かどうかの見極めが重要ですが、本人確認を徹底するなど安全対策に力を入れています。

・UP-ROOM（アップルーム）　http://www.up-room.com/

起業家と投資家のマッチングサイトとしては、歴史がある老舗サイトです。登録者数は1000人を超え、メディアからの取材にも積極的に応えています。

マッチングサイトの利用で気をつけたいことは、投資家のプロフィールです。マッチングサイトに限らず、個人間の投資には大きなリスクが生じます。コンタクトを取る際には自己責任で、個人情報や会社情報が意味なく流出しないよう、情報管理には十分注意を払ってください。

残念なことに、投資をうたった詐欺事件が発生しています。投資先進国のアメリカでは、ベンチャー投資の法整備が既に進んでいますが、日本ではまだ法整備が追いついていない状況です。投資を受ける側はもちろん、投資をする側も相手のことをよく知ることが重要です。

安易に投資を受けたり、融資を持ちかけたりするのではなく「人として信頼できるかどうか」をまず見極めるようにしましょう。

エンジェルと起業家の双方の満足を目指せ

エンジェル投資家と起業家の双方が満足のいく結果を出すには、資金以外の面で強い信頼関係を結ぶことです。双方の信頼関係がなければ、事業を軌道に乗せることはできません。エンジェル投資家側も資金以外のネットワークや情報を提供するのはもちろん、投資先への理解を深めることが重要であり、起業家側はそういう姿勢を持つエンジェルを探すべきです。

エンジェル投資家から見ると、スタートアップへの投資は、企業の成長や発展を見届ける喜びや楽しみがあります。また、自分のアドバイスやノウハウ、人脈を次世代につなぐという、影響力の活かせる投資方法です。

こういう喜びや楽しみがあるので、既にアメリカやヨーロッパでは盛んなのです。今後は日本をはじめ、アジアでも大きなエンジェル投資家のネットワークが築かれることでしょう。

自らがエンジェルになる

支援を受けて起業に成功したら、自らがエンジェル投資家となって、後進のサポートをすることをお勧めします。

エンジェルによる投資は、産業の発展や景気の回復に大きく役立ちます。このため、日本でも、エンジェル投資に対する税金の優遇が受けられるように法整備が進んでいます。投資家は中小企業庁が認可するベンチャーに投資をすることで、税金の控除が受けられます。この制度は、通称「エンジェル税制」と呼ばれており、投資時点では以下の2種類の優遇措置が設けられています。

・優遇措置A（設立3年未満の企業が対象）

ベンチャー企業への投資額から2000円引いた額を、その年の総所得額から控除（控

除対象となる投資額の上限は、総所得金額×40％と1000万円のいずれか低いほう）

・優遇措置B（設立10年未満の企業が対象）

ベンチャー企業への投資額全額を、その年の他の株式譲渡益から控除（控除対象となる投資額の上限なし）

また「未上場ベンチャー企業株式の売却により生じた損失を、その年の他の株式譲渡益と通算（相殺）できるだけでなく、その年に通算（相殺）しきれなかった損失については、翌年以降3年にわたって、順次株式譲渡益と通算（相殺）」できます（中小企業庁のWebサイトより）。

制度は年々変わりますので、詳細は中小企業庁のWebサイトを参照してください。

エンジェル税制の確定申告手続きは以下の通りです。

①ベンチャー企業が、中小企業庁認可の企業であることを確認する
②経済産業省認可による認定後、確認書が発行される

③ベンチャー企業から、投資家に向けて必要な書類（確定申告）を渡す
④投資家は確定申告の際「エンジェル税制」の必要書類を提出する

エンジェル税制の手続きは難しくありません。最近では手続きを簡素化するため、中小企業庁で「申請用紙のダウンロード」ページを設けています。手続きの際には、投資先に依頼して書類を受け取ってください。

方法3　ベンチャーキャピタル

追加出資、提携先紹介、経営支援……。事業拡大に適したメリットが多数ある

ベンチャーキャピタルとは？

ベンチャーキャピタルとは、これから成長していく企業に対して、自社の資金を供給し、保有している経営ノウハウや人的ネットワークを活かして経営支援を行う組織のことです。

資金供給合意を得るまでにも、その企業に対してあらゆる側面からアドバイスしてくれます。経営者を送り込んで経営に関わる支援をすることもあります（これを「ハンズオン支援」と言います）。

企業の成長段階において、必要な調達資金の額は異なってきます。ベンチャーキャピタルによって、スタートアップと呼ばれる創業したばかりの企業への出資に特化したものもあれば、ある程度成長した段階で億単位の出資を行うものもあります。

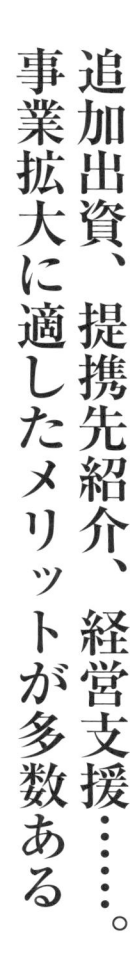

ベンチャーキャピタルが出資をする目的は大きく2つに区分されます。

- **出資した企業が、他の企業に自社を売却するときに発生する売却益**
- **出資した企業が株式市場へ上場したときに発生する売却益（第三者割当増資による利益）**

多くのベンチャーキャピタルは、5年で10倍の利益を目標としています。出資の検討をする際には、目標とする利益率を中心に、現在の会社の価値と将来性を加味して判断します。そのため、あなたの会社の価値と将来性をかなりシビアに分析します。

企業の成長段階によって投資額や支援内容が変化する

ベンチャーキャピタルが出資額を決める際には、企業の成長段階をチェックします。企業の成長段階を「ラウンド」という用語で表現します。

たとえば「私たちの企業はシリーズBラウンドまで完了している」という言い方をします。

詳しい人であれば、「シリーズAラウンドであれば、このくらいの資金調達をして、まだ成長段階の企業なんだな」ということがほぼ分かります。

会社の成長段階は、シードラウンドから始まり、シリーズAラウンド、シリーズBラウンド、シリーズCラウンドと上がっていきます。それにつれて、会社が必要とする資金額も増え、ベンチャーキャピタルが出資する金額も大きくなります。

なお、シリーズ○ラウンドの「ラウンド」は省略されることが多いです。シードラウンドについては、「ラウンド」を省略する人もいれば、省略しない人もいます。本書では、このあとは原則として「ラウンド」を省略します。

製品やサービスを公開して利用者が増えていくと、会社はさまざまな施策を実行に移さないといけません。利用者に対して付加価値を提供するスピードを上げていかないと、ビジネスの成長が止まってしまいます。

さまざまな施策を実行するためには、優秀な人材を獲得する必要がありますし、ＩＴに対して投資を行う必要も出てきます。会社の規模が大きくなるほど、必要な資金も増えていくということです。

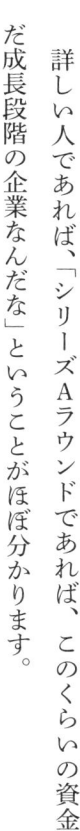

ベンチャーキャピタルから出資を受けている企業は、ベンチャーキャピタルに対して出資に対するリターンを支払うために、株式市場への上場や他の企業への事業売却をしなければなりません。ラウンドが上がるにしたがって、上場や売却の段階に近づいていると言えます。

以下ラウンドについて、具体的に説明をしていきましょう。

①シード

シードは、創業者が初めて出資を受ける段階のことです。多くは起業資金としての調達です。

シードの資金提供者は、起業家を育成するプログラムを持っているところが多くなっています。そのプログラムに基づいて、起業家たちに経営のノウハウを教え込み、3カ月程度の期間でシードから卒業させるのが一般的です。

シードでの投資額の相場は300～500万円です。起業家側としては、この段階で投資家に持ち株の割合を大きく取られないことが大切です。この段階で10～20％以上の割合で株式を持たれてしまうと、その後のラウンドで他社からの資金調達が困難になります。

資金調達だけでなく、創業者なのに自由に経営権を行使することができないという事態にもなりかねません。留意してください。

②シリーズA

シードで、アイデアレベルだったビジネスプランを実現させるとシリーズAの段階になります。シードより大きな資金が調達できるようになるので、その資金を使って、さらに事業をブラッシュアップさせていきます。

経営者はとにかく時間がありません。あれもやりたい、これもやりたいという気持ちになりますが、事業にとって重要なものを見極めて優先順位を付け、優先順位の高いことを深掘りしていくことが、事業を拡大していくポイントです。

また、サービスや製品の改善には、お客様の声を反映させることが大切です。しかし、あらゆるお客様の声を聞こうとするのは非効率ですし、不可能と言えます。メインユーザーのニーズを優先的に実現することが重要です。

起業時のメインユーザーは、非常に大切なお客様です。絶対に手放してはなりません。メインユーザーの声を聞き、素早く、柔軟に改善を続けていきましょう。シリーズAの段階では、資金はそのために主に使います。

③シリーズB

シリーズAでお客様の声を聞きながら改善活動を繰り返し、商品やサービスの完成度がある程度高まります。そうなると経営陣も創業者である1、2名という体制ではなく、5名程度まで増やして層を厚くしておく必要が出てきます。この段階がシリーズBです。

シリーズAでは、得た資金を使ってビジネスモデルを固めていきました。シリーズBでは、将来性を強く意識します。何よりも大切なことは、投資家が数年後を予測したときに、自社の売上が大きく増加するイメージを与えられるかどうかです。黒字化よりも規模の拡大が優先されます。

シリーズBになると、調達額の相場は3〜10億円になります。ベンチャーキャピタル1社による投資でまかなうことが難しくなります。そこで複数のベンチャーキャピタルがタッグを組んで投資を行うことになります。

なお日本ではシリーズBの卒業段階で、企業売却や株式上場というケースもあります。

④シリーズC

シリーズBを卒業して、もうすぐ売却や上場が可能なレベルがシリーズCです。

シリーズC以降での資金調達は、商品やサービスの質を高めたり、企業の方向性を強めたり、ビジネス成長の加速度を高めたりするために行われることが多くなります。

資金調達額がシリーズBより大きくなるとともに、黒字化が強く意識されるようになります。

ベンチャーキャピタルで出資を受けるメリット

ベンチャーキャピタルで出資を受けるメリットは大きく5つあります。以下に順に説明します。

①資金返済リスクがない

企業経営に失敗し運転資金が底をついてしまったら、会社をつぶさなくてはなりません。その際に、銀行など金融機関からの融資を受けていた場合には、会社がなくなっても返済義務が残ります。

一方ベンチャーキャピタルによる出資を受けていた場合には、お金の借入は行っていないため、資金を返還しなくてはならないというリスクがありません。

②人的ネットワークを活用することができる

企業が成長してくると、本業の知識だけでは経営が立ち行かなくなっていきます。財務やIT、マーケティング、法務等に関する知識が本業以外の知識に該当します。

そうなってくると、ベンチャーキャピタルが保有している人的ネットワークが大いに役に立ちます。なかなかアプローチできない優秀な人材を紹介してくれることが多いので、足りない知識を補強することができます。

③経営ノウハウを活用することができる

ベンチャーキャピタルはさまざまな企業を成長へ導いています。企業を成長させるたびに、成長のために必要なノウハウを蓄積しています。

一方創業者は、経営を始めたばかりなので、経営ノウハウがあまりありません。ベンチャーキャピタルの経営ノウハウが注入されることで、事業を正しい方向へ加速させていくことができます。

④ディスカッションによるブラッシュアップができる

ベンチャーキャピタルから出資を受けると、週に1回ぐらいのペースで、ベンチャーキャピタルとディスカッションを行うことになります。目の前のことに精一杯となりがちな経営者の考えや方針を、このディスカッションで正しい方向へ修正させることができます。

税理士向けクラウド税務・会計・給与システム「A-SaaS（エーサース）」を提供しているアカウンティング・サース・ジャパンでかつて代表取締役社長を務めていた佐野敏朗氏は以下のように語っています。

「（ベンチャーキャピタルの社外取締役と）1週間に1回経営ディスカッションをしていて、（中略）進捗や今後やっていくことを一緒に話しています。何かを持ち寄るわけではないのですが、投資家としていろいろな会社を見ているので、非常に視点が高いんです。私自身、事業をやっているので、どうしても目の前のこと――明日の売上がどうなるかとか、いかに費用を削減していくかみたいな話――を考えていると、非常に目線が下がっていってしまいます。そこをディスカッションすることによって、目線をぐっと上げてもらっていますね」（「資金調達プロ」より）

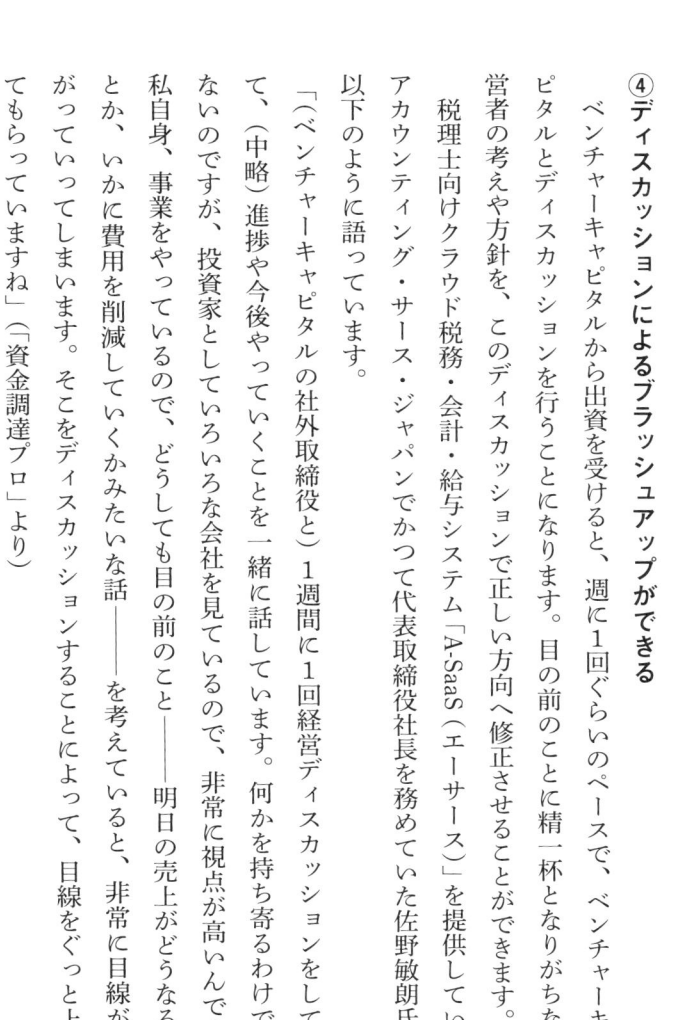

⑤資金提供の大きさ

ベンチャーキャピタルからの出資は、ラウンドが上がるごとに調達額も大きくなってきます。4～5億円という金額はよくある話です。中小規模の企業が銀行からなかなかこのような大きな資金を借りることは難しいでしょう。

ベンチャーキャピタルで出資を受けるデメリット

メリットだけではありません。デメリットも存在しますので留意が必要です。大きく3つあります。順に説明します。

①経営権を奪われてしまう可能性がある

ベンチャーキャピタルからの出資は、第三者割当増資という方法を採るケースが多くなります。この方法は、今まで株式を持っていなかった第三者に、新たに株式を発行して出資を受けるというものです。

株式を増やすことになるので、創業者が持っている株式の割合が低くなります。株主総会による特別決議を拒否できる33・3％の割当を下回ると、創業者であっても自由に経営の決定ができなくなります。

②調達コストが高い

銀行からの融資であれば、低い利率の利息を返せば問題はありません。

一方、ベンチャーキャピタルからの出資は、ベンチャーキャピタルが大きなリスクを背負っている分、上場時の多額な売却益や定期的な配当によって、お金を還元していかなくてはなりません。

結果的に調達コストが高くなります。前述した通り、多くのベンチャーキャピタルは、5年で10倍の利益を目標としています。

③投資資金回収が義務付けられる

ベンチャーキャピタルから出資を受ける際には、以下の2つが期待されることになります。

① 他の企業へ自分の会社を売却する。

② 株式市場へ上場する。

ベンチャーキャピタルは、慈善事業でお金を提供しているわけではありません。リスクを持っている分、成功した際には相応の報酬を要求します。その報酬が上記２つのいずれかの方法による株式の売却益なのです。

これは、ベンチャーキャピタルから得た資金の回収が義務付けられているということです。失敗しても返却する必要はありませんが、成功したときには必ずリターンを返さなければなりません。

ベンチャーキャピタルから出資を受けるための４つの方法

では、ベンチャーキャピタルから出資を受けるためにはどうすればいいでしょうか。それには大きく４つの方法があります。以下、それぞれについて見ていきましょう。

①ベンチャーキャピタルに問い合わせをする

ベンチャーキャピタルに電話をしたり、ホームページから問い合わせたりすることは、かなり初歩的な方法ですが、実は何億もの資金出資を受けている企業も行っていることです。気になるベンチャーキャピタルがあれば、片っ端から問い合わせをして接触を試みましょう。

まだシードの段階だとしても、シリーズA向けのベンチャーキャピタルに接触しても構いません。相談したい旨を伝えれば、少しの時間かもしれませんが、ベンチャーキャピタルは時間を確保してくれるはずです。

②自分のネットワークを使う

創業者が直接アクセスできる人的ネットワークはまだ弱いことが多いのですが、友人・知人や先輩、上司にベンチャーキャピタルとつながっている人がいる可能性があります。自分には人的ネットワークがないと嘆かず、周囲の人に積極的に聞いて回りましょう。

③ピッチコンテストに参加する

スタートアップ企業を対象にした「ピッチコンテスト」と呼ばれるプレゼンテーション大会が、さまざまな場所で開催されています。著名な経営者や投資家の前で、自分の会社の商品やサービスのプレゼンテーションを行うイベントです。

プレゼンテーションの質が高ければ、経営者や投資家の目に留まり、出資へとつながることも多いようです。

短時間で自社の想いや商品・サービスの将来性を伝えることができるかがポイントです。応募自体はハードルが低いので、ぜひチャレンジしてみてください。

ベンチャーキャピタルが主催しているイベントも多くなっています。ベンチャーキャピタルも自分の足で出資先を探すより、ピッチコンテストを開催するほうが、将来有望な出資先と出会える確率が高まるからです。

ピッチコンテストや投資家の集まるカンファレンスを定期的に行っている団体を紹介します。

- サムライベンチャーサミット
- Infinity Ventures Summit（インフィニティ・ベンチャーズ・サミット）

- TechCrunch Tokyo
- Mashup Awards
- THE BRIDGE Mixer Tokyo

④イベントや交流会に参加する

イベントのとりまとめと言えばFacebookでしたが、それ以外にもイベントを紹介するキュレーションサイト等が数多く登場してきました。イベントの中には、スタートアップ企業を対象としたものも数多くあります。

そのようなイベントで多くの人と知り合いになると、事業連携につながったり、新たな気づきを得られたりすることが多いものです。「スタートアップ向けイベント」で検索すると、イベントのまとめサイトや個別のイベントがいくつも表示されます。

ベンチャーキャピタルから投資を受けるための6つの心構え

ベンチャーキャピタルから出資を受けるための方法について述べました。ひと言でまとめれば、あらゆる手段を使って積極的にベンチャーキャピタルにコンタクトを取ろうということです。

まずは会わなければ始まりません。しかし会えば出資してくれるかと言えば、そんなに甘くはありません。エンジェル投資家から出資を受けるのにもさまざまな心構えが必要でした。ベンチャーキャピタルに対しても必要な心構えが大きく6つあります。

以下にポイントを説明していきます。

①事業に対する情熱やパッションを持つ

スタートアップ企業の経営者にインタビューすると、多くの経営者が投資を受けるために必要な項目として、情熱やパッションを挙げています。

お金を儲けるために起業したのではなく、何かを実現したり、問題を解決するために起業しているかどうかが問われるのです。

また、その想いがあなたの実体験から来ているものなのかどうかに興味を持つベンチャーキャピタルが多いです。なぜなら、ベンチャーキャピタルは、お金を儲けるためだけに起業した会社が、長続きしないことを知っているからです。

ピッチコンテストなどのプレゼンテーションでも、あなたの想いがどれだけ伝わっているかがポイントになります。

事業のこと以外は何もできないと覚悟するぐらい事業に没頭しないと、会社を成長させることはできません。

経営をしているとやるべきことが、次から次へと発生します。それらに追われる大変な日々を送ることになるでしょう。

その覚悟がない人にベンチャーキャピタルは出資してくれません。情熱やパッションがなければ、その覚悟も生まれないでしょう。

②自らの事業を端的に説明する

そもそもベンチャーキャピタルから出資を得ようと思っているあなたは、事業への想いがいっぱいなはずです。投資家に伝えたいことはたくさんあるでしょう。

しかしその全てを聞いてもらえるほど、ベンチャーキャピタルに時間があるわけではありません。たくさんの想いの中から、何を一番伝えたいのか、はっきりと優先順位を付けましょう。

10秒以内であなたの会社の特徴を伝えられればベストです。その時間で興味を持ってもらえれば、出資してもらえる可能性は高いと言えます。

③ユーザー視点でものごとを見る

商品やサービスを提供する上で大切なことは、ユーザーの視点でものごとを見て、考え、施策を実行していくということです。

たとえばあなたの商品がソフトウェアであれば、ユーザーの利便性や操作性が高いのはもちろんですが、それだけではなく、あなたがユーザーならお金を払ってでもサービスを使いたいかということです。

無料であれば試しに使ってみようという人も多いでしょう。ところが、お金を少しでも払うとなると、使ってくれるまでのハードルが一気に上がることになります。そのハードルを乗り越えられるくらい、利用者にとって価値があるものなのか考えてみることが大切です。

戦略的にまず無料のサービスを提供して、その後課金していくというビジネスモデルはもちろん有効です。しかし、無料で提供するサービスがお金を払ってもらえるレベルのものでなければユーザーは感動・感激しませんので、その後の課金もおぼつかないのです。

Webサイトを運営している人ならGoogle Analyticsという分析ツールをご存知でしょう。無料で提供されているツールですが、Googleが提供するまでは同等機能の製品が10万円以上で販売されていました。それほどのツールを無料提供したからこそ、Googleの広告ビジネス（Google AdWordsなど）は大成功したのです。

④市場環境が良好なときには多めに調達をする

景気が悪くなると株価は一気に下がりますし、市場環境を示す数値（失業率など）が良好だと、株価も上がっていきます。

これは、ベンチャーキャピタルとのやり取りでも同様です。

ラウンドが上がると、相手があなたの会社に価値があると判断してくれるようになり、最初に設定した株価の評価も上がっていきます。すると資金調達がしやすくなります。その評価も景気が良いほど上がりやすくなります。したがって景気が良いときには、景気が悪くなるときに備えて多めに資金を調達しておきましょう。

⑤調達したい金額とベンチャーキャピタルの投資方針が合致しているか確認する

会社の成長段階において、必要となる金額は変わってきます。

創業段階であれば５００万円程度で十分で、数億円もの金額は必要ありません。その段階では創業したばかりの会社（シードやシリーズＡ）への少額投資を専門にしているベンチャーキャピタルを探すのが効率的です。

一方、会社が成長してきて何億もの資金が必要なのに、創業専門のベンチャーキャピタルと話をしても、５００万円程度の金額を提示されてしまい、両者の意向が合致しません。

日本のビットコイン市場を牽引しているbitFlyerの加納裕三社長は、以下のように述べています。

「基本的にラウンドがミスマッチしていると、話が進みません。僕らも次はシリーズＣなので、その時にシードのインベスターが１０００万円出資しますとなっても、多分お互いの利益が合わない可能性が高いです。僕らが昔やってしまったのは、シードのときにシリーズＣの投資家に話してしまいました。ワンショット10億円ですと言われてもどうにもならないです。ラウンドがミスマッチしている状況ってお互い時間のムダなので、そこからはこの規模のファンドならこれくらい出せるから、自分達のラウンドとマッチしている

ということは意識するようにしました」(「資金調達プロ」より)

現在自社がいるラウンドと、ベンチャーキャピタルが主に投資をしているラウンドが合致しているかどうか確認することが必要なのです。

⑥この人であれば生涯付き合えるという人を選ぶ

投資をしてくれる人を選ぶときに、最も重要視しなくてはならないことが、「この人であれば生涯付き合える」と思えるかどうかということです。

株価を高く評価してくれて、金銭的にいい条件で出資してくれるとしても、投資家との価値観や考え方が合っていなければ、中長期的な成長は見込めません。

あなたが投資家に選んでもらうことと同時に、投資家を選ぶという意識も置いておきましょう。

あきらめずに多くのベンチャーキャピタルとコンタクトを取ろう

ベンチャーキャピタルから起業資金などの出資を得るために、必要となる情報をお伝え

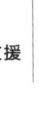

してきました。

資金を供給してくれるベンチャーキャピタルが格段に増えました。そして、多くのベンチャーキャピタルは、お金儲けの手段としてよりも、社会の課題や不便さを解消してくれる経営者と出会うことを望んでいます。

ベンチャーキャピタルとのコンタクトについては、電話やホームページ経由だけでなく、TwitterやFacebookからでもできるところが多いです。あなたの事業に賭ける想いを事業計画書にまとめて、積極的にベンチャーキャピタルにプレゼンテーションしましょう。

しかしながら、ベンチャーキャピタルが支援できる会社は、問い合わせ100社に対して2、3社と言われています。投資金額や人的リソースに制限があるため、ベンチャーキャピタルはシビアに選定を行わなければなりません。

ですから、数社のベンチャーキャピタルに断られたぐらいでめげずに、数多くのベンチャーキャピタルと接触していきましょう。あきらめずに事業アイデアや想いをブラッシュアップしていけば、事業資金の獲得につながっていくはずです。

方法4　補助金・助成金
要件さえ満たせば、数万円から数千万円の返済不要の資金が手に入る

補助金・助成金とは？

補助金や助成金は、銀行融資などと違って返済義務がなく、株式発行などと違って株主への配当も必要ないため、事業者にとっては最もメリットの大きい資金調達法と言えます。

反対にデメリットは見当たりませんが、強いて言えば、事業完了後の後払いなのですぐには受け取れない、補助金や助成金を目的通りに使ったという報告義務があり事務が面倒、会計検査院の査察などで採択が取り消される場合があるといったことです。

金額は、数万円といった小額のものから数千万円までさまざまです。

ただし誰でも補助金・助成金の給付を受けられるわけではなく、国や自治体が指定した

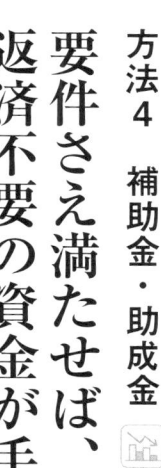

一定の条件を満たす必要があります。また、必ずしも経費の全額が補助金・助成金でまかなわれるとは限りません。

このように制約もある補助金・助成金ですが、返済義務がないというのは大きな魅力です。近年は使いやすい補助金・助成金制度も多く、この制度の活用の仕方が事業の行く末を左右することも珍しくありません。上手に活用して、事業を成功させましょう。

一見すると似ている両者ですが、助成金は自治体などが示す受給要件を満たしていれば、募集件数内で誰でも受け取ることができますが、補助金は申請した企業の中から審査を経て支給対象を決定するという大きな違いがあります。

たとえば、厚生労働省が支給している「障害者トライアル雇用奨励金」や「キャリアアップ助成金」などはそれぞれ、障害者を試行的・段階的に雇い入れる、契約社員・パート・派遣社員などを正規雇用するなど、定められた受給要件を満たしている会社が申請した場合、原則として受給することが可能です。

一方、中小企業庁が２０１６年に募集した「平成27年度補正予算『ものづくり・商業・サービス新展開支援補助金』」においては、２万４０１１件の応募に対して、７７２９件が採択されました。採択率は約32％です。

ただし、最近では助成金の中にも審査が必須となるタイプのものが増えつつあり、両者の違いが曖昧になってきています。詳しくは各制度の公募要領などで確認してください。

補助金・助成金の種類

補助金や助成金には大きく3種類あります。それぞれの内容と特徴について簡単に解説します。

①国（厚生労働省や経済産業省など）の補助金

国の補助金とは、具体的に厚生労働省や経済産業省の補助金を指します。

これらの補助金の主な目的は、中小企業の振興や技術振興、起業促進、地域活性化などです。最近では、女性の活躍支援や、若者やシニア層の起業にも力を入れており、企業の資金調達先として人気があります。

② 自治体が実施する補助金や助成金

自治体とは言うまでもなく、全国の市区町村のことです。各自治体が独自に設ける補助金や助成金は、起業支援、中小企業の振興、地域活性化が目的になります。

③ 民間企業・その他団体が実施する補助金や助成金

国や自治体だけでなく、民間企業や公益団体等が独自に補助金や助成金を設けています。ただし、自然保護、緑化活動、文化保護など社会貢献目的のものが多く、金額もそれほど大きくはありません。

民間企業等から補助を得たい場合は、「ビジネスコンテスト」（通称ビジコン）に参加して、支援者を得るほうが確率が高いかもしれません。

なお、自治体からの補助金・助成金を受けたい場合にも、ビジネスコンテストの受賞歴があれば有利になることが多いです。

補助金・助成金の審査から交付までの10段階のステップ

補助金・助成金の申込から交付（資金の受け取り）までには、10段階のステップがあります。

1. 申請

助成金や補助金の申請を行います（必要書類：応募申請書／事業計画書／経費明細書／事業要請書）。

2. 審査

申請内容に沿って審査が行われます（受取書類：選定結果通知書／補助金交付規程／交付申請書）。

3. 採択

事務局による選定の結果、採択か不採択かが判明します。

4. 交付

申請側が、実施した事業の内容や経費を報告し、事務局によって補助金の交付が決定されます。

5．実施

申請した内容で事業を実施します。事業の途中で、事務局による中間審査や監査が入ることもあります。

6．報告

受け取った補助金・助成金をどのように使用し、どのような効果が得られたのか報告を行います。

7．検査

事務局に実績報告書や経費エビデンスを提出し、補助金が適切に使用されたのか検査（審査や監査）が実施されます。

8．確定

補助事業が適正に行われた場合、補助金額が決定されます（受取書類：補助金額確定通知書／請求書様式）。

9．請求

請求書（補助確定金額を記載）を事務局に提出します。

10．入金

最後に事務局からの振込をもって、助成金・給付金の受け取りは完了となります。

以上の流れを見ても分かる通り、補助金や助成金は後払いなので、資金調達にはある程度の時間が必要です。また途中で査察や監査が入ることも多く、資金が適切に使われているのかどうか厳しくチェックされます。

せっかく申請をしたのに、使途が不明瞭であったり、目的外のことに流用したりしては企業としての信頼を損ね、支給も打ち切られます。

こうした事態を避けるために、支払い実績の分かる領収書や契約書はきちんと管理し、どのような事業にいくら使ったのか第三者が具体的に分かるよう、書類や経費の整理をしましょう。

補助金・助成金を高確率で受給する7つのコツ

補助金・助成金は何もしなくてももらえるというものではありません。特に補助金は受給できる人数の上限が決まっているため、人気のある補助金は、審査も厳しくなります。審査のコツを押さえて受給を勝ち取りましょう。

補助金も助成金も公的な意味合いの強い制度です。そのための申請のコツが大きく7つあります。

①補助金・助成金の情報をできるだけ多く集める

まず注意しておかなければいけないのは、補助金・助成金ともに積極的な情報開示をしているわけではないという点です。大掛かりな広告宣伝を行うこともなく、メディア等への露出も限定的ですので、申請者側が努力して情報を収集する必要があります。

最新の情報がまとめられている下記のようなWebサイトを常にチェックしておくと便利です。

- **JFCWEB（助成金情報）**
- **ボラ市民ウェブ（ボランティア・市民活動の情報サイト）**
- **ミラサポ　未来の企業★応援サイト**

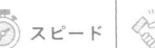

その他にも下記の媒体で情報が公開されることがあります。

- **助成団体の発行する広報紙やポスター**
- **社会福祉協議会やボランティア・市民活動センターの広報紙**
- **社会福祉施設や機関、社会福祉協議会などの掲示板**

毎年同じ時期に、同じ内容の補助金や助成金が公募されるケースが多々ありますので、気になるものがあれば、定期的にチェックしておきましょう。

②補助金・助成金の目的に合った提案をする

補助金や助成金には、それぞれに支給する側の意図や目的があります。たとえば働く女性を社会ぐるみで支援する、日本の産業を海外に広く普及させる、といった意図や目的です。ですので申請する事業内容や会社の方針が、それぞれの意図や目的に沿っていることが大前提となります。

補助金や助成金が目的によって細分化されている理由は、それらの多くが公的資金であ

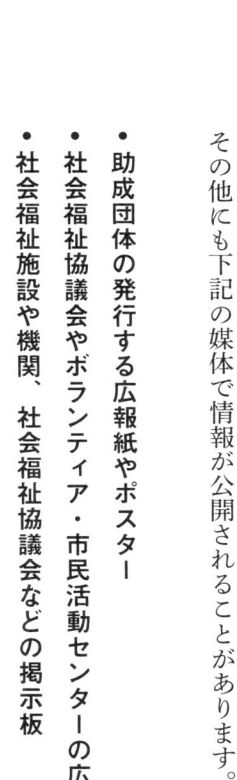

ること、つまり国民の税金でまかなわれていることです。公的資金を運用するにあたっては、その使途について財源を拠出した国民に分かりやすく伝える責任があります。「良い会社だから補助をする」では曖昧です。「女性の社会進出を後押しする可能性が高い会社だから補助をする」といった明確さがなくてはならないのです。

財団法人等が主催する助成金についても、公益性が重視されますので同様のことが言えます。

このような事情から細分化された補助金・助成金の目的・意図を正確に把握するためには、まずそれぞれの募集要項を熟読する必要があります。

たとえば平成28年度創業・第二創業促進補助金における募集要項には、その事業目的として次のように記載されています。

「『創業・第二創業促進補助金』は、新たに創業する者や第二創業を行う者に対して、その創業等に要する経費の一部を助成（以下「補助」という。）する事業で新たな需要や雇用の創出等を促し、我が国経済を活性化させることを目的とします」

冒頭のこの一文を踏まえた上で本文の「補助対象事業」を確認しますと、「既存技術の転用、隠れた価値の発掘（新技術、設計・デザイン、アイデアの活用等を含む。）を行う新たなビジネスモデルにより、需要や雇用を創出する事業であること」と明記されています。

さらに、注として「新事業とは、これまで行ってきた事業とは異なる事業（『日本標準産業分類』の細分類による）を行うこと」とあり、日本標準産業分類のＵＲＬが記載されています。

つまり、「今までの自社の事業分類とは違った新規事業を行うことによって、新たに人を雇い入れることができる」ということが審査員に伝われば、採択される可能性が出てくるということです。

このように、募集要項はしっかりと読み込まなければなりません。

付け加えて、募集側の意図をさらに深く探る方法として、過去の採択事例には必ず目を通しておきましょう。採択されやすい事業の方向性が見えてきます。同様の補助金であれば、過去の採択事例が公開されているはずです。

③申請書は分かりやすさを重視する

補助金・助成金の申請にあたっては、まずは所定のフォーマットに従って申請書等を提出する必要があります。その後審査が行われる場合が多いのですが、一部の助成金などでは申請書のみで採択の可否が決定されるため、細心の注意を払って記入する必要があります。

助成機関の審査プロセスにおいては、担当者が申請書を通すためには、その上長に稟議を通す必要があります。したがって担当者が、上長から不明点について質問されれば、全て答えられるようにしておく必要があります。それができるような分かりやすい申請書でなければなりません。

経営者がどのような事業を行いたいのかをアピールすることは当然大切ですが、それ以上に気をつけるべきことがあります。それは「きちんとした文章になっていること」です。経営者が行おうとしている事業がどれだけ、目新しく収益性が高く社会貢献性があったとしても、書類の文章が拙いと、審査員の読む意欲がなくなってしまいます。

まずは誤字脱字をなくすことです。ワープロソフトを活用する場合は校正機能を使い、さらに目視で何度も確認して間違いがないかを確認しましょう。手書きの場合はなるべく読みやすい字で、丁寧に書きましょう。基本的にはワープロソフトを使ったもののほうが好まれます。

助成機関の担当者があなたの業界に精通しているとは限りません。中には分からない専門用語や業界用語もあるでしょう。ですので申請書内で自社の事業等について説明する場合には、誰にでも理解できる分かりやすい言葉を使いましょう。

どうしても専門用語や業界用語を使わなければならない場合は、注釈をつけたり、別添資料で説明したりすることが必要です。

書類作成に自信がない方は、社会保険労務士などの専門家に作成を依頼したほうがいいでしょう。コストはかかりますが、その分審査の合格率も上がります。

④事業計画は可能な限り客観的かつ具体的に

補助金や一部の助成金では、事業計画書が審査における判断基準の大部分を占めます。投資や融資においてももちろん事業計画書は提出しますが、補助金等において特徴的なことは、そこに客観性と具体性が強く求められることです。

前述した通り、補助金等はあくまで公的なお金を財源としていますので、熱意や新奇性など漠然としたものに拠出されることは、公平性や説明責任といった観点から許されません。「○○が○○なので、毎月○円の売上増加が見込まれ、それに伴い○人の新規雇用が発生する」という具体的な計画があり、それが客観的な根拠に基づいていることが示されて初めて、国や自治体などがお金を出す理由が生まれます。

具体的に示しましょう。

たとえばある企業が補助金の申請において、「補助金によってサービスのプロモーションを強化することにより、合計1万件の新規ユーザー獲得と単月黒字化を目指します」という計画を提出したとします。やや極端な例ではありますが、これで審査を通過することはあり得ません。

一方でこちらはいかがでしょうか？

「これまで広告宣伝は街頭のチラシ配りやソーシャルメディアでの口コミなどを低予算で実施してきましたが、今後は○○社のインターネット広告に毎月○十万の予算を投下します。同業他社である○○社の事例によれば、新規ユーザー1人当たりの獲得単価は○円ですので、全体で○百万円の予算を用いることで、合計1万人の新規ユーザーを獲得することが可能です。ユーザー1人当たりの売上は○円ですので、1年後には単月黒字化を達成する見込みです」

こちらでは、取引先の名前やサービス名称、時期や金額などが明記されています。このような客観性と具体性を備えた計画であれば、助成する側の担当者も「このような根拠が示されているからお金を出した」と上長に説明することができます。

なお、こういった具体的な営業情報は、採択後も外部に漏れることは決してありませんので安心してください。

⑤添付資料でさらにアピールする

補助金・助成金の申請における必須書類は、一般的に応募申請書、事業計画書、経費明細書、事業要請書などごく数種類に限られます。ですが、「思ったより少なくて良かった」などと安心してはいけません。

事業内容をアピールする材料があるなら、積極的に添付資料として提出しましょう。たとえば前項で挙げた事業計画の中で、どれだけの添付資料を用意できるでしょうか。街頭で配っていたチラシについては、その内容に自信があれば添付しても問題ありません。高評価を受けている口コミやアンケート、感謝の葉書などのコピーも添付するといいでしょう。

審査担当者は、経営者の「自画自賛」は自己宣伝ではないかと懐疑的に捉えます。しかし第三者の意見は比較的素直に聞くものです。テレビでの紹介、直筆アンケートの感謝の言葉、実際の売上高など、第三者に評価された事実を紹介したほうが審査担当者の心証は良くなります。「第三者の評価」を、普段から積極的に集めておきましょう。

これらは、事業内容を担当者によりよく知ってもらうための材料と言えます。

加えてもう一点添付したいのが、「新規ユーザー1人当たりの獲得単価は○円」の根拠となる同業他社の事例調査レポートです。

調査方法については、メディア上で同社の担当者が述べたコメントを集めた、競合他社の状況を調べられるウェブサービスを利用した、あるいは広告代理店の担当者からこっそり教えてもらったなどさまざまなパターンがありますが、その結果をフラットに開示することで、より客観性や具体性が増します。

添付資料の枚数には上限がないことがほとんどです。こうした情報を上積みしてアピールすることで、事業の成長を審査担当者がイメージできるようになると、審査通過の可能性はより高くなります。

⑥プレゼンテーションは分かりやすく視覚的に

ここでは説明行為全般を「プレゼンテーション」と言っています。

書類審査だけで給付される補助金・助成金もありますが、高額の場合にはプレゼンテーションを求められることもあります。その際には、図表、画像、動画、アニメーション、グラフなどを使って、視覚に訴えることが非常に効果的です。文字だけでは理解しづらかったり、ポイントが分からなかったりするからです。

プレゼンテーションは随筆やコラムではありませんから、起承転結の順番で話す必要はありません。ビジネス文章などでよく使われる、最初に結論があり、最後にもう一度「まとめ」が書いてある、総括型の文章にしたほうが審査員の印象に強く残ります。

また、審査書類をそのまま読み上げるのは避けましょう。審査員は審査書類に目を通していますから、それと同じ話をプレゼンテーションでしてしまうと、ずっと書類ばかりを見てしまって、あなたのほうを向いてくれません。大事なのは紙に書かれていない熱い想いを論理的に伝えることであり、想いは、あなたを見てもらえないと伝わりません。

「論理的」にというのが非常に重要です。熱い想いを抱くだけなら子供でもできます。審査員はその思いを、現実に変える力とアイデアがあなたにあるのかを見ています。

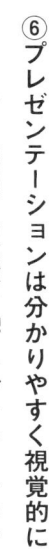

こういう夢を実現するためにこういう工夫をしている、というような「できる理由」を説明できるようにしましょう。

⑦何度でも申請をする

これはあまり知られていないことですが、補助金の審査は公務員ではなく「外部の有識者」が委託を受けて行っています。

「有識者」は主に税理士と中小企業診断士で構成され、補助金ごとに異なりますが、一般的には3〜4名で担当するとされており、そのうち2名が経営面、残りが技術面について点数をつけていき、合計点の上位から採択されていくといった流れになります。

ある補助金について特定の有識者が継続的に審査を担当すると、さまざまな弊害が生じますので、不特定多数の人が入れ替わりで審査を行うことになっています。有識者の専門領域や性格、趣味嗜好、判断基準等は違いますので、同じ事業計画書を見ても、そのうちの1人が「これはいける」と考えても、別の1人は「全然ダメ」と考えるケースもあります。判断基準が属人化しているのです。

申請する側からすれば厄介な事情ですが、裏を返せば一度審査に落ちた事業であっても、「これはいける」と考える有識者にいずれ巡り会えることは十分に考えられます。

さらに、前述したように採択事業は絶対評価ではなく、相対評価で上位から選ばれますので、他の申請企業との兼ね合いで審査を通過することもあり得ます。

手間やタイミングの問題はありますが、応募を繰り返していけば、審査に通過する確率が高まるのです。

助成団体や補助金の種類によっては、落選理由を教えてくれるところもありますので、2回目以降の募集が予定されている場合などは、ぜひ一度問い合わせてみることを強くお勧めします。次回の応募時にはその部分を修正することで、審査通過確率は大きく高まるでしょう。

ここまで補助金・助成金の審査を通過するための7つのコツを見てきました。何度も繰り返したように、これらが「公的なお金」であるという意識を持つことが最も重要です。

公平性、客観性、具体性の3つの要素を満たした事業計画だけが、この「返済不要なお金」を受け取る理由になり得るのです。

補助金・助成金を正しく活用する4つのコツ

給付が決まったからといって安心してはいけません。目的外の使途に資金を流用したり、申請していない事業に資金を投じたりするのは、制度の目的に反することになります。

前述した通り、助成金の使途が不明瞭では企業の信頼はもちろん、経営者としての信頼も失ってしまいます。

反対に、最終的に補助金や助成金を受け取れた企業は、事業目的に沿って、きちんと資金管理できる企業および経営者として高く評価されます。取引先の信頼だけではなく、金融機関や公的融資機関からも高い信頼を得ることができ、将来の融資審査も通りやすくなります。

補助金・助成金を正しく活用するには4つのコツがあります。

それぞれについて、順に説明します。

①当初の計画に沿って正しく利用する

既に説明した通り、補助金や助成金の受け取りは事業実施のあとであり、目的に沿った使い方がされたかどうかが細かくチェックされます。このため当初の計画に沿って、正しく資金を利用する必要があります。

計画外のところでお金を使ってしまったり、当初の目的とは違うことに資金を投じたりしては、事務局の信頼を失い、補助金や助成金が受けられなくなります。また企業も経営者も大きく信頼を損なうことになります。

補助金や助成金を利用する場合には、当初の目的に沿って正しく利用しましょう。

②資金の流れをきちんと記録する

資金の流れはきちんと記録し、補助金や助成金の受け取り後最低5年間は記録を残すようにします。

補助金や助成金の種類によって異なりますが、途中でお金の流れが見えなくなると「目的外の私的流用などに使ったのではないか」と疑われることになりかねません。

第三者から見てお金の流れがはっきり分かるよう、領収書、契約書、証拠書類などのエビデンス（証憑）はきちんと管理し、いつでも提出できる状態に整えておきます。

補助金や助成金によってどういう効果があったかを、写真など客観性の高いエビデンスで示した、精度の高い報告書を作成しましょう。

普段からきちんと記録し、管理しておけば、査察があっても慌てずに、補助金や助成金が目的に役立っていることを証明できます。

③助成金として使える費用、使えない費用をまとめる

補助金や助成金の利用条件として、費用として認められる項目と認められない項目があらかじめ決まっています。予定していた資金が、いざというとき使えないようでは大変です。必ず、どのような目的に使えるのかを何度も確認をし、申し込みするようにしてください。

そして計画の段階で、補助金や助成金をどこに活かし、カバーできない部分はどうやって調達するか綿密に検討してください。

④ムダを省いて最大限資金を活用する

補助金や助成金の給付が決まったからと言って、資金をムダなことや意味のないことに使ってはいけません。

国の補助金や助成金はもちろん、地方公共団体の制度、各民間企業、団体の補助金も国

や地方の発展など事業目的に役立つように使う必要があります。

補助金や助成金を申請する際にはムダを省き、資金を１００％計画に沿って役立てることが求められます。自社だけの繁栄を目的にするのではなく、地域や国に貢献できるような使い方をすることが求められています。

方法5　ビジネスローン

最短で即日の調達も可能。高金利でも、緊急で資金が必要なときにメリットあり

ビジネスローンとは？

一般的に投資や事業資金への流用が禁止されている個人向けの「カードローン」と違って、事業性のある目的に対して融資することを「事業融資」と言います。

ただし、一部の金融業者では事業費と生計費の両方に使えるローンも取り扱っています。個人事業主の方は、事業費と生計費が併用できるローンを利用するといいことが多いでしょう。

事業融資は銀行でももちろん行っていますし、既に説明した日本政策金融公庫などが行っている融資も事業融資です。それ例外では、信販会社（クレジットカードを発行する

企業）や消費者金融が事業融資を行っています。

信販会社や消費者金融は、預金業務を行わない金融業者であり、このような業者をノンバンクと言います。中には事業融資専門のノンバンクも存在します。

ノンバンク系の事業融資を「ビジネスローン」と言って他の事業融資と区別することがあります（ただし、事業融資とビジネスローンを同じ意味で使う人もいます）。本章では、ノンバンク系のビジネスローンを中心に説明していきます。

ノンバンクは銀行と公的融資の中間に位置する

現在では、業者間の競争が激しくなり低金利を前面に打ち出す銀行が増えてきました。特に店舗を持たないネット銀行は、メガバンクでは実現が難しい低金利でメガバンクとの差別化を図っています。店舗を持たない分、人件費がカットできるので利息に還元できるのです。

一方で、銀行系カードローンも活発化しています。銀行の子会社が運営するノンバンク融資もネット銀行同様、無人店舗で人件費をカットし、低金利での融資を実現しています。銀行系ローンのメリットは、大手銀行が親会社としてバックアップしている点です。以前「ノンバンクの破綻」がニュースになりましたが、大きな親会社がついていれば破綻の心配がほとんどありません。また、親銀行の各支店や出張所、全国のATMでも、契約や借入・返済手続きができるなど高い利便性もあります。

こういった動向の中で、ノンバンク融資を上手に利用することが重要です。

ノンバンクと聞くと敬遠する方も多いのですが、現在ではノンバンクの大半が安全な金融業者です。一部の悪質な業者は別ですが、銀行系のノンバンクや、ビジネスローンを専門に扱う日本保証やビジネクストなどのノンバンクは、他社の保証業務まで請け負う優良金融業者です。

たとえば、日本保証は東京スター銀行や愛媛銀行、香川銀行、西京銀行、近畿産業信用組合の保証業務（融資審査）を実施しています。このようにノンバンクの中でも保証業務を行う業者であれば、より安全な取引が期待できます。

金融業者は年々淘汰されています。ネット社会となった今、危険な業者はすぐに悪い評判が広がって破綻し、残っているのは、安全性の確かな業者がほとんどとなっています。ただ、大手銀行の審査は年々厳しくなっており、確実に返済ができる企業にしか融資しません。こうした「貸し渋り」の問題を解決してくれるのが、ノンバンクの存在です。

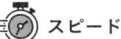

ノンバンクは、大手銀行と公的融資機関の中間にある、最も使い勝手が良い金融業者です。大手銀行から借りるのはかなりの信用がないと困難ですが、政府や自治体の融資は比較的審査が通りやすくなっています。しかし公的融資は審査から融資を受け取るまでに長い時間が必要です。集めるべき書類や審査の手続きも複雑なためハードルの高い融資と言えます。

以上をまとめると事業融資は、大手銀行から公的融資まで幅広く存在しますが、その中間にあるノンバンクは使い勝手がよく、特に緊急時には力強いパートナーだと言うことができます。

ノンバンクは5種類に分類できる

ノンバンクには以下の5種類があります。

①信販会社

信販会社とは「信用販売」の略で、割賦販売法第31条に定める「登録割賦購入あっせん業者」のことをいいます。クレジットカード会社と信販会社は厳密には異なっており、消費者の信用に基づいて立て替え払いを行うという意味合いが強いものが。

②消費者金融

消費者金融とは、一般の個人に対して、無担保・保証人なしで少額融資を行う業者です。

消費者金融の融資限度額は、年収の3分の1が上限です。これ以上の金額に関しては、総量規制（平成18年12月成立の貸金業法に含まれる法律）の対象となり融資が認められません。総量規制は、多重債務問題を解決することを目的として作られた制度です。

なお総量規制は個人融資に関わるもので、事業融資には関係ありません。

消費者金融には非銀行系と銀行系の2種類があります。

非銀行系としては、アイフルのように銀行とつながりのない消費者金融のほかに、小規模の町金融などがあります。

消費者金融は貸金業者として各財務局や都道府県に「貸金業者」として届け出る必要があり、届け出のない業者は「闇業者」や「違法業者」と呼ばれます。

一方、消費者金融の多くは、銀行の子会社が経営を行っています。銀行系の中には、親銀行の店舗で契約できる「新しいタイプの融資商品」も多いです。また、親銀行の口座を開設することで審査が速くなるといったメリットもあります。一部のローンでは、ATM使用料を無料にするなど、利用者の目線に立ったサービスもあります。

たとえば、アコムは三菱UFJ銀行系列のカードローン会社です。

ちなみにレイクは消費者金融と間違えられやすいのですが、新生銀行系列の個人ローン商品の名称です。レイクは貸金業者ではないので、総量規制の対象外となります。年収の制限がなく融資が受けられるため、まとまった資金の借入に活用できます。

③ビジネスローン会社

ノンバンクの中には、事業融資を専門に扱う金融業者が存在します。銀行やノンバンクの多くは、フリーキャッシングや目的別ローンを扱いますが、この手の業者は事業融資しか行いません。

個人事業主向けの少額融資から設備投資に対応した大口の融資まで、業者によってさまざまなタイプの事業融資を行っています。

ビジネスローン会社のメリットは、前期決算が赤字でも、柔軟に対応してくれる点です。また税金の滞納があった場合でも、今後の事業計画や返済計画に基づいて融資を検討してくれます。これらの状態の会社に銀行が融資してくれることはほとんどありません。

④リース会社

リース会社とは、企業が必要とする物件や設備、機械などを貸し出す業者です。お金を貸してくれるわけではありませんが、モノが必要なときには便利な存在です。

リース会社は、企業の代わりに物件や設備を購入してからリースを行います。リースを受ける場合は「賃貸借契約」を行い、借り手は物件価格・金利・税金・手数料などを(リース会社に)返済する仕組みです。

⑤不動産金融専門会社

不動産金融専門会社とは、銀行などが設立した不動産融資専門の金融業者です。

個人への住宅ローン融資が主要業務ですが、不動産投資、不動産の証券化など、幅広い融資に対応しています。また、不動産を担保にして事業融資をする場合もあります。

ノンバンクで利用できる融資

ノンバンクで借りられる資金は、大きく分けて2種類あります。

- **個人向けローン**
- **ビジネスローン**

個人向けローンは、使いみちが自由なローンです。ただし、ギャンブルへの利用や事業資金として使うことは通常禁止されています。

一方、ビジネスローンは個人向けローンとは逆に、事業目的に限られます。

ただし一部のローンでは事業費と生計費の併用を認めています。

たとえば、プロミスやオリックス・クレジットのカードローンは、事業費と生計費の併用可と明記されています。ただし事業費として使えるのは、個人事業主に限られます。

また、ビジネクストのように事業費と生計費の両方に対応しているビジネスローン会社もあります。

一般的に個人ローンの上限額は１０００万円を超えることはありません。大半は３００～５００万円まで、多くても８００万円までです。１０００万円を超える融資は、基本的に担保や保証人が必要です。

一方、ビジネスローンの主な目的は、運転資金やつなぎ資金、事業の拡大、設備投資などですから、１億円を超えるローンも珍しくありません。

ただし借入の金額が大きくなれば、担保や保証人の取り扱いも変わってきます。原則、第三者による保証人は不要ですが、ビジネスローンの多くは代表者を連帯保証人に立てる必要があります。

ノンバンクから融資を受ける場合は、契約事項を何度も確認しましょう。特に返済方法については、借りたあとに後悔しないよう注意深くチェックする必要があります。

主な返済方法としては、残高スライドリボ払いや元利均等返済、元本一括返済方式等があり、多くの場合、借りる側が返済方法を選択できます。

ノンバンクに関するよくある疑問

ノンバンクに関するよくある疑問をいくつか紹介します。

「ノンバンクは危険じゃないの？」

今やノンバンクは、中小企業の資金調達に欠かせない存在です。

以前はノンバンクの業務運営を否定する意見が一部にありました。金利が高いことや、ノンバンクの利用実績が銀行融資の審査に影響すると考えられたからです。

実際、ノンバンクは銀行から借りたお金で融資を実施しますので、銀行よりも当然貸付金利は高くなります。また銀行は、ノンバンクに頼る、すなわち銀行で借りられない相手に対して返済能力に乏しいというレッテルを貼る傾向がありました。

しかし、2006年に最高裁で「グレーゾーン金利」を否認する判決が下り、高利貸し業者は淘汰されるようになり、金融業界全体の利息が引き下げられました。

ノンバンクの多くも低金利で融資するようになり、利息の見直しも年々進んでいます。

また、ノンバンク融資でも保証業務が確立され、安全な形で資金調達できるようになりました。

ノンバンクは審査手続きが簡単で、即日融資(ただし、申し込みの曜日、時間帯によっては翌日以降の取り扱いとなる場合があります)に対応するなど積極的な融資を実施しています。

「返済できない場合、取り立てが厳しいってホント?」

返済できない場合、ノンバンクも銀行も取り立て方法はほぼ同じです。ノンバンクだから厳しい、銀行だから甘いということはありません。延滞が続く場合は、法的な手続きに沿って延滞の処理が行われます。

信用保証協会の保証で銀行から事業融資を受けている場合には、信用保証協会が銀行に返済します(これを代位弁済と言います)が、その場合には信用保証協会が取り立てを行います。この場合も取り立て方法は同じです。

支払いが遅れると督促状を送るほか、電話で返済の確認を行います。電話がつながらない場合のみ自宅を訪問することがあります。それでも支払いが行われない場合、簡易裁判所に支払い督促の申し立てが行われます。

銀行でもノンバンクでも、連絡のある延滞に対しては非常に柔軟です。早めに相談を行えば、月々の返済額を減らして返済期間を延ばすなど、無理のない返済方法を提案してもらえます。

問題視されるのは、返済しないまま連絡が取れなくなることです。この場合は支払いの意思がないとみなされ、全ての取引が停止されます。

今後の融資が受けられないことはもちろん、他社での新しい借入も全て否決されてしまいます。こうなると、超高金利の違法業者しか貸してくれなくなります。

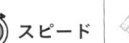

延滞や遅延が発生すると、信用情報を著しく損なうので注意しましょう。

「ノンバンクは破綻しないの？　保証の安全性は？」

２００８年頃より、多くの消費者金融が次々とメガバンク傘下へ再編されました。ビジネスローン専門業の多くも淘汰されました。現在残っている業者は健全経営をしていると認められる企業ばかりです。

ビジネスローンを利用する場合は、信販会社や銀行系列のローン会社と契約を結べば、安全に資金調達が行えます。

破綻が不安視されるのは、銀行とのつながりがない小規模の金融業者、町金融や闇金融だけです。

取引したい業者が健全かどうかは、金融庁のＷｅｂサイトで簡単に確認できます。登録貸金業者情報検索サービスを使うと、正式に登録した貸金業者を検索できます。掲載されていない業者は、違法業者である可能性が高いので注意しましょう。

最近は個人間による融資も活発化しています。ここ数年のうちに、インターネット上では多くの個人融資専門サイトが見られるようになりました。しかしネットの中には、健全な出資者と詐欺もしくはそれに近い業者の2種類があります。それには金融庁のような公的なお墨付きはありません。

資金調達を焦るあまり、悪質な業者にだまされないよう気をつけてください。

「ノンバンクの上手な活用法を知りたい」

ノンバンク融資は、個人事業主から中小企業まで幅広く使えます。業者によって数百万円までの小規模融資や、1000万円~数億円の大型融資まで、さまざまな事業融資を扱っています。

大口の融資を受ける場合は、担保や保証人が必要です。審査を受ける場合も必要な書類が多くなります。それに対して、1000万円以下の融資は必要な書類は少なく、審査も最短の場合で即日、つまり申込当日の融資も場合によっては可能です。

「ノンバンクは『ブラック』でも使えるの?」

「ブラックでも融資OK」という広告をときどき見かけます。ここでのブラックとは、次の状況を指しています。

- **任意整理で借入を減額した過去がある**
- **返済を長期間延滞している**
- **その他、信用情報上に「借入に関する問題」が残っている**

一旦ブラックになると、事業融資やビジネスローンの利用は難しくなります。

厳密には「ブラックリスト」なるものは存在しませんが、信用情報として「返済能力がない」という情報が残ってしまいます。

自分の信用情報がどうなっているか不安であれば、信用情報機関に開示請求をするといいでしょう。信用情報の問い合わせ先には、全国銀行個人信用情報センター（ＫＳＣ）、ＣＩＣ、日本信用情報機構（ＪＩＣＣ）があります。

「ブラック」でも事業融資のチャンスが断たれたわけではありません。ビジネスローン専門業者は、赤字や経営などに問題があっても、将来性を判断して融資を前向きに検討する傾向が強いので、融資のチャンスは大いにあります。

また、日本政策金融公庫の事業融資は、信用情報機関の情報とリンクせず、面接時の話や事業計画書や預金通帳の数字だけを見て審査を行うため、「ブラック」の状況にあっても融資を受けられる可能性があります。

ノンバンクで借りるメリット

ノンバンクで借りるメリットは多いのですが、大きく分けると以下の3つに集約できます。以下に順に説明していきます。

①審査に関して独自のノウハウを持っている

ノンバンクは、銀行よりも柔軟な審査を実施しています。これは各業者が銀行にはない独自の審査ノウハウを持っているためです。

ノンバンクは、赤字決済や税金の滞納をしている会社にも柔軟に対応してくれます。事業融資の顧客を多く抱えているため、ビジネスに対する柔軟な理解ができるからです。

一方、銀行の場合は赤字決済に厳しく、税金の滞納があれば融資は即否決です。

②審査から融資実施までのスピードが速い

前項と共通しますが、ノンバンクは独自の審査基準を持っているため、融資までのスピードが速いのが特長です。

特にビジネス専門の金融業者なら、最短当日中に審査結果を連絡してくれます。また、実施の融資まで最短で2～3営業日以内に手続きをしてくれるので、急な資金繰りにも冷静に対処できます。

消費者金融では銀行系、非銀行系に関わらず即日融資にも対応しています。融資額は1000万円以下に設定されることが多いですが、融資までの速さは金融業者の中では群を抜いています。

③年々金利の見直しが進んでいる

かつてのノンバンクは金利が高いなど、危険なイメージを伴っていました。しかし、ここ10年の間にノンバンクを取り巻く環境は大きく変わりました。まず、ほとんどのノンバンクは金利の見直しを行っています。

そのため以前よりリスクの低い取引が行えるようになりました。また大口融資には低金利が適用されるなど、返済負担の少ない借入が可能となりました。

ノンバンクで借りるデメリット

便利なノンバンク融資ですが、大きく3つのデメリットも存在します。以下に順に説明しましょう。

①銀行に比べると金利が高くなりやすい

銀行の事業融資に比べると、ビジネスローンの金利はやや高めです。借入額によって変動しますが、銀行の金利が2％からと低金利なのに対し、ノンバンクは実質年率8・0～18・0％となるケースが多いのです。

ただし、大手銀行系列の消費者金融では、ローンでビジネスローンを利用した場合、最低で4～6％台の低金利ローンが存在します。

②安全性のあやしい業者もある

ノンバンクの中には、稀に安全性のあやしい業者もあります。たとえば「町金融」と呼ばれる小さな金融業者はこのケースで、安易に融資を受けるのはお勧めできません。

安全な業者かどうかは、前述した通り、金融庁のＷｅｂサイトで簡単に確認できます。貸金業者は必ず、金融庁に登録する必要がありますが、悪質な業者は金融庁への登録がありません。また、ネット上の口コミを参考にしてもよいでしょう。

③借入の限度額はやや少なめ

ノンバンクの融資限度額の平均は「３００〜８００万円」とやや少なめです。１０００万円以上の大口融資を受ける場合は、他の担保が必要な融資や、国の借入・自治体の補助金等を検討してください。借入先を組み合わせることも検討しましょう。

１００％の融資実施を勝ち取った「賢い事業者の心構え」

ノンバンクからの融資に成功した事業者は、次のようなことを述べています。

「ビジネスローンで一番チェックされるのは『経営者の返済能力』です。ビジネスローンは、決して審査が甘いわけではありません。このため、経営者が過去のクレジットヒストリーで問題がないか、税金の滞納がないか詳しく審査されます。一方、返済能力が認められれば、審査は通ったも同然です」

他社カードローンで借入があれば、先に完済してから審査を受けるようにしましょう。

ちなみに「クレジットヒストリー」とは、クレジットカードおよびカードローンのキャッシング利用歴・返済状況のことを指します。

カード会社、消費者金融会社は、前述した全国銀行個人信用情報センター（KSC）、CIC、日本信用情報機構（JICC）の信用情報機関のいずれか1社もしくは複数に所属しており、これらに問い合わせれば「クレジットヒストリー」が分かります。

このように言う事業者もいます。

「事業内容や業歴、決算の内容も大切ですが、ノンバンクは会社の将来性を重視するため、経営者の人柄や真面目さが審査の可否を決めます。このため、融資担当者に会って話をする機会があれば、きちんとした服装で挑むようにしています。また、電話で話すときにも、きちんとした人間だという印象が与えられるよう努力しています」

業歴はノンバンク系なら1年、銀行なら2年以上なければ、融資の可決は厳しいと言えます。ただし、ビジネスローン専門の金融機関なら将来性があると判断すれば、1年以内でも融資をしてくれるケースがあります。

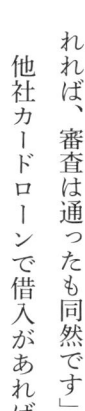

ノンバンクからの融資を速く受け取るには、完璧な書類準備のコツ

ノンバンクからの融資を速く受け取るには、書類を完璧にしておくことです。書類が100%完成されていれば、即日中に結果を受け取ることが可能です。また完璧な書類であれば、融資の額も大きく変わってきます。

銀行で事業融資を受ける場合、多くの書類が必要です。たとえば、融資の額が多ければ、第三者保証人や担保に関係する書類も提出します。

それに対して、ノンバンクのビジネスローンは必要書類が少なくて済みます。納税証明書や決算書、確定申告書、代表者の身分証明書があれば、ビジネスローンが利用できます。ただし、業歴が浅い場合は、収支計画書や事業計画書の提出が必要なこともあります。

このほか、書類の書き方にもポイントがあります。

誤字や脱字があると、それだけで書類の印象はマイナスになります。プラスの印象を与えるには誤字脱字がなく、数字の計算まできちんと合わせておく必要があります。間違いは1人では気がつきにくいので、第三者にもチェックしてもらいましょう。

また、おかしな日本語を使用すると、融資担当者に経営者としての資質を疑われます。

書類の書き方が分からない場合は、専用のフォーマットを使いましょう。分厚い事業計画書を作成する経営者もいますが、専用フォーマットに必要事項を埋めておくほうが簡潔で要領を得ているので、審査が通りやすくなります。

何よりも読みやすい書類を意識して作成してください。

ノンバンクからの借入は、今ではかなり安全になりました。そして、スピーディーです。またローンの種類が多く、少額融資や大口融資など事業規模に合わせた自由な借り方が可能です。

特に銀行からの融資がダメだった場合には、ノンバンクからのビジネスローンで資金繰りが改善できないか検討してみてください。

方法6　クラウドファンディング

世界規模で急拡大中。協業、協賛企業を見つけられる可能性も秘めている

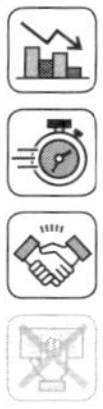

クラウドファンディングとは？

「クラウドファンディング」という言葉が急速に普及しています。

クラウドファンディングは、英語ではcrowd fundingと綴り、不特定多数の群衆を意味する“crowd”と、資金調達を意味する“funding”を組み合わせた、新しい時代のキーワードです。

クラウドファンディングは、わずか１００～１０００円といった金額で、才能のあるアーティストや起業家、中小企業等をサポートできるサービスです。

サポートされる側から見れば、銀行などの金融機関を通さずに必要な資金が集められることが、最大の魅力です。

クラウドファンディングを利用すれば、会社のスタートアップ資金（起業資金・創業資金）のほか、デザイン制作やものづくりに必要な費用、団体の活動費、会社の運転資金の調達が素早く実現できます。

『ニューズウィーク日本版』によれば、「クラウドファンディングは、製品や作品を作りたいイノベーターやクリエーターが、インターネットを通じてアイデアを公開、アピールし、それを見た普通の人々に資金を提供してもらうというしくみ」となります。

会社の資金調達は、銀行など金融機関融資のほか、国や自治体などの公的支援制度がポピュラーです。これらのシステムは書類の作成や面談など手続きがあり、融資が下りるまでに長い時間がかかります。

一方クラウドファンディングは、融資実施までの時間が早く、ビジネスチャンスを逃す心配がありません。

クラウドファンディングにも一定の参加基準はありますが、銀行等よりも審査のハードルが低く、起業者にとって使いやすいサービスとして人気です。

ファンが応援してくれる

クラウドファンディングの良さは、資金を迅速に調達できることだけではありません。クラウドファンディングでは、はじめに、Ｗｅｂサイトで、プロジェクトや企画の内容を公表します。それを見て共感してくれる人が、「ファン」として出資してくれるのです。会社にとって、応援してくれるサポーターがいるのは、何よりも心強いことです。

一方、支援者にとってもクラウドファンディングには大きな魅力があります。まず、他の資産運用法より提供する資金が少なく済むので、リスクが小さいのです。日本国内ではクラウドファンディングの支援は50万円までと制限されており、投資初心者でも安全に出資が行えます。

大和総研のＷｅｂサイトに以下の説明があります。

①投資型クラウドファンディングに関する業務を「電子募集取扱業務」と位置づける。

②電子募集取扱業務を行う金融商品取引業者等に対しては、必要な体制の整備（たとえば、発行者に対する審査など）、ウェブサイトを通じた情報提供などを義務付ける。
③少額（発行総額1億円未満、1人当たり投資額50万円以下）の投資型クラウドファンディングのみを行う場合については、その参入規制を緩和するなどである。

以上は、2015年5月29日から施行されている。（出典：大和総研ホームページ「2015年5月15日、2014年の金融商品取引法改正の細則を定める一連の政令、内閣府令などの改正が行われた」）

クラウドファンディングの8つのメリット

クラウドファンディングには、出資者と出資を受ける側の両方にとって数多くのメリットがあります。ここでは、出資を受ける側の8つのメリットを取り上げます。

①会社設立・スタートアップ資金の調達に役立てられる

クラウドファンディングを利用すれば、まだあまり実績のない会社でも、設立前の会社でも必要なお金が集められます。これから企画し、運営していきたいプロジェクトに対しても、支援者や資金を集めることができます。

②拡散効果が狙える

クラウドファンディングは、ネットを使うサービスなので、TwitterやFacebookなどのＳＮＳで情報が広く拡散し、共有されていきます。

③世間のニーズを知るためのマーケティングツールとして使える

出資者の数や出資金の多寡で、今の世の中では何に関心を持ってもらえるのかをある程度推測することができます。マーケティングツールとして使えば、有効なデータを集めることができると言えます。

④プロジェクトの初期段階から多くのファンを獲得できる

前述した通り拡散性が高いので、アイデアに共感してくれた多くのファンや支援者を一気に集めることができます。

⑤より良いアイデアが集められる

ファンや支援者に、商品やサービスのモニターになってもらうことができます。使用レポートや口コミを集めてＰＲに活用できますし、使用者の意見から新しいアイデアが生まれ、製品の改善や新製品開発に役立てることもできます。

⑥同じ目的を持った仲間が見つかる

ファンの中には、同じ目的や志を持った同士も存在します。そのような人は強力なビジネスパートナーとなってくれることでしょう。

⑦共感を原動力にして、資金を集められる

ファンの応援は、頑張るための原動力になります。その原動力で力強く行動していけば、さらにファンが増え、ビジネスの拡大や資金調達のスピードが加速します。

⑧支援して良かったと思われるプロジェクトにすることで事業が拡大できる

支援者と力を合わせてプロジェクトを成功させれば、支援者と企業の両方に強い達成感と大きな満足感が生まれ、双方の絆が深まります。そうなると次のプロジェクトにも多くのリピーターと、そのリピーターの口コミによる新たな支援者が現れ、事業拡大が加速されます。

クラウドファンディングのデメリット

数多くのメリットがあるクラウドファンディングにも、いくつかデメリットがあります。

まずインターネットを利用することになるので、個人情報が流出するなどのセキュリティー上のリスクがあります。特に金銭や支援者のデータを取り扱う際には、しっかりとセキュリティー対策をして、情報漏洩などがないように努める必要があります。


ファンが期待して出資してくれているわけですから、万が一プロジェクトが失敗した場合には失望した人からの風評被害を受ける心配があります。

このリスクを回避するには、プロジェクトの内容を正確に伝え、目的や趣旨などを正しく理解してもらうことです。また資金の使いみちが支援者に見える透明性のある事業活動を行ってください。情報開示が何よりも重要です。

メール、Twitter、Facebook等で支援者と連絡を取り合う際に、スピード感がないと支援者に不安を与えてしまう怖れもあります。支援者に不信感を与えないよう、気配りのあるやり取りやこまめな連絡・報告、誠実な行動に努める必要があります。

競争が激しく、消えゆくＷｅｂサイトも多い

注意したいのは、クラウドファンディング運営会社のことです。

国内のクラウドファンディングサービスを見ると、わずかな期間で消滅するＷｅｂサイトがたくさんあります。昨日まで使っていたＷｅｂサイトが消えてなくなることは珍しくありません。特に運営会社の規模が小さいとその危険性が高いと言えます。危険性は低いですが、有名なＷｅｂサイトも安心できません。

実際に、一年前や半年前まで話題を集めていたサイトが、速いスピードで消えていきました。クラウドファンディング運営会社は、日々淘汰されています。運営会社が消滅すると、出資者も企画した側も残念な結果に終わってしまいます。

クラウドファンディングのプラットフォームとして利用するＷｅｂサイトをよく調べて、信頼の高いＷｅｂサイトを選びましょう。長期間サービスを提供しているＷｅｂサイトや資本のしっかりしているＷｅｂサイトが安心です。こうしたプラットフォームを選べば、お金を失うリスクが少なく、支援する側も安心して出資できます。

自分でクラウドファンディングサイトを作る

最後に、自身でクラウドファンディングサイトを作ることもできますので、その方法を簡単にご紹介しましょう。

クラウドファンディングサイトの運営は難しくありません。既に存在するシステムを使えば、誰でも簡単にクラウドファンディングサイトが作成できます。

クラウドファンディングサイトを無料もしくは低コストで作りたければ、以下のＷｅｂサイトがお勧めです。

- **クラウドファンディングサイト構築システム【Fundee】**
- **クラウドファンディングシステム【CFS-Cube】**

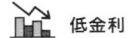

• IGNITIONDECK（英語）

デザインなどが自由にカスタマイズできますので、自分の好みに合ったサイトを作ることができます。

サイトの作成やプログラミングができないという方には、基本情報の入力だけで使えるサービスもありますし、クラウドソーシング（crowd sourcing）でデザイナーやプログラマーを低コストで調達して、作業を委託する方法もあります。

人気のクラウドソーシングサービスには以下のものがあります。

• Lancers（ランサーズ）

• Crowd Works（クラウドワークス）

誰もがクラウドファンディングの主催者になることができます。あなたも今後の発展が見込まれるクラウドファンディング業界に参入してはいかがでしょうか。

方法7　ファクタリング

BtoBビジネスに最適。支払期限が長期にわたる売掛金の現金化ができる

日本の経営者にはあまりなじみのないファクタリング

あなたが中小企業を経営しているのであれば、現金をすぐに確保できる「ファクタリング」という資金調達方法を知っておくべきです。

ファクタリングとは簡単に言うと、まだ入ってきていない売上を先に手に入れて資金化することができるサービスのことです。つなぎ資金など緊急の資金が必要な場合に、金融機関から融資を断られたら、真っ先に考えるべき方法といっても過言ではありません。

以下は、私が開設・運営していたサイト「資金調達プロ」で、独自に行ったアンケート結果

です。
ファクタリングを確実に理解していて、人に説明ができる……3％
ファクタリングの意味は分かるが、完璧ではない……12％
ファクタリングという言葉を知っているが、意味は分からない……27％
ファクタリングという言葉を聞いたことがない……58％

つまり90％以上の経営者がファクタリングのことをよく分かっていません。これは非常にもったいないことです。ファクタリングさえ知っていれば、資金が調達できて事業の発展に役立ったという大きな機会損失が至るところで起きています。
この機会にぜひファクタリングを理解して、今後の会社経営や資金繰りに活用していきましょう。

資金調達手段としてファクタリングがお勧めの方を以下に列挙します。

・大口の資金需要が年に1～数回あり、そのタイミングでつなぎ資金が必要

- 納税資金（法人税、消費税、源泉所得税、他）が必要
- 新規事業のための運転資金が必要
- 決算対策等のため、決算前に現金預金を確保したい
- 銀行の残高証明書の発行が必要
- 売掛先の入金がずれて資金繰りが厳しくなった

ファクタリングの仕組みとは？

ファクタリングについて、「まだ入ってきていない売上を先に手に入れて資金化する」と前述しましたが、もう少し正確に言えば、「自社が保有している売掛金（売掛債権）をファクタリング会社へ売却して、すぐにキャッシュを確保することができる仕組み」です。

この場合ファクタリング会社（ファクターとも言う）は、企業に対して償還請求権（後述します）なしで完全買い取りします。なお売掛金とは、納品やサービス提供が完了しており既に請求書を発行しているが、まだ入金されていないキャッシュのことです。

まとめると簡単ですが、細かい疑問がいくつかおありかもしれません。そこで以下に図

図表1. ファクタリングの仕組み

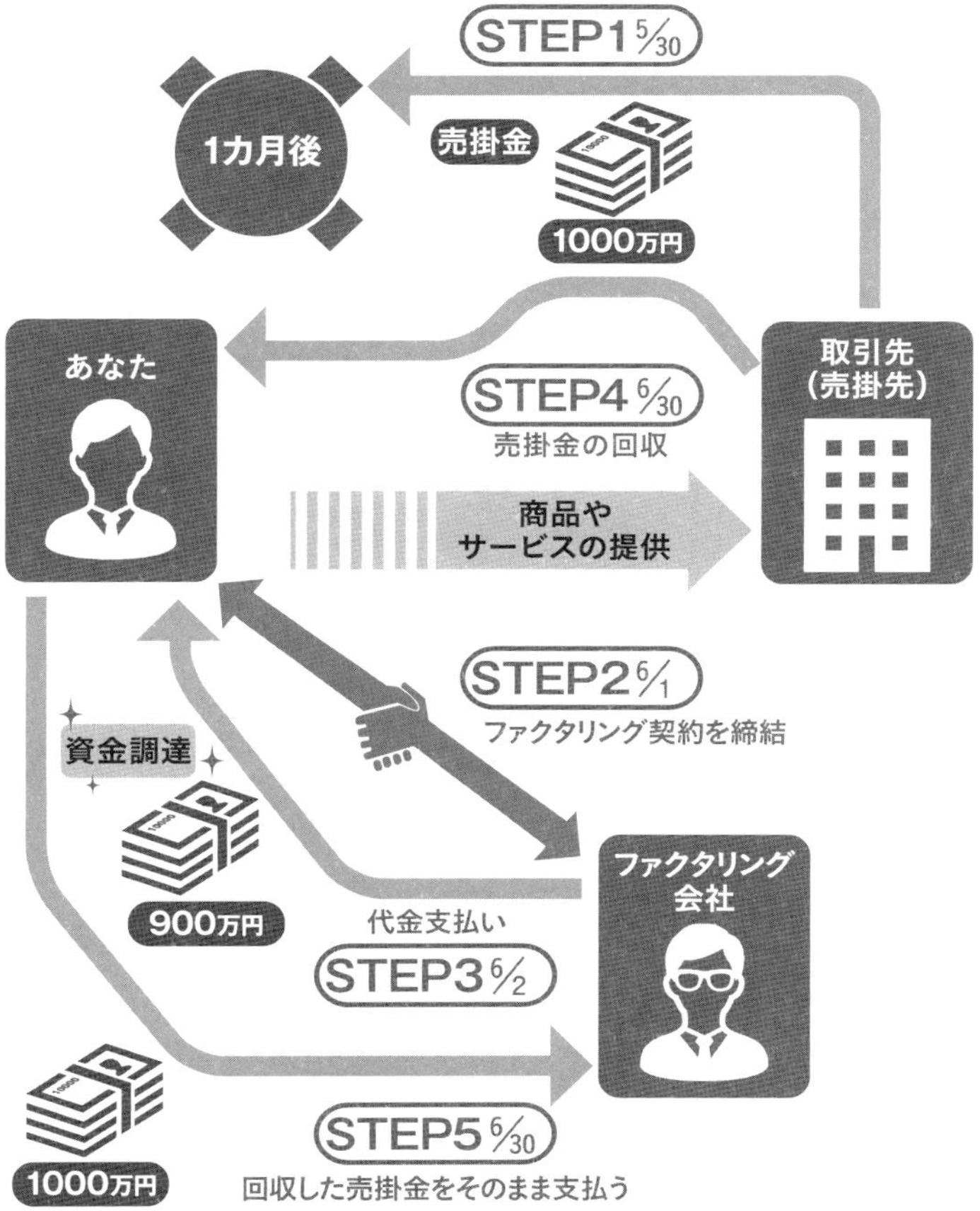

解しながら説明したいと思います。日付は仮のものです。

●STEP1　売掛金の発生（5月30日）

商品を納入して1000万円の請求書を発行しましたが、入金は1カ月先の6月30日です。

会計上は請求書を発行した時点で売上が上がっていますが、その売上はまだ売掛金（売上債権）の状態であり、手元に現金があるわけではありません。

●STEP2　ファクタリング会社と契約（6月1日）

6月中旬までにまとまった現金が必要な事情が発生しました。銀行やノンバンクに問い合わせたところ、追加融資は難しいとのこと。

顧問税理士に相談したら、6月30日に入金予定の売掛債権をファクタリング会社に売却して現金化するのがいいだろうとアドバイスを受けました。

税理士に紹介してもらったファクタリング会社と、売掛債権の集金代行業務委託契約と債権譲渡契約等を締結しました（この契約の意味は「STEP4」を参照してください）。

●STEP3　ファクタリング会社から入金（6月2日）

契約内容に問題はなく、ファクタリング会社からあなたの会社に売掛債権の買取代金が支払われました。売掛金を、6月30日の支払日を待たずに現金化できたわけです。

ただし、ここでファクタリング会社に登録に必要な諸費用や手数料を支払う必要があります。手数料の割合は調達金額の5%程度から、多い場合では25%ということもあります。

●STEP4　売掛債権の回収（6月30日）

期日通りに売掛金が支払われ、売掛債権の回収が完了しました。

もし売掛金の入金がなければ、あなたが回収しなければなりません。これが前述した「売掛債権の集金代行業務委託契約」の意味合いになります。

「債権譲渡契約」により売掛債権はファクタリング会社に移動しましたが、債権は本来債権を持つ者が回収するものです。集金代行業務委託契約を結ぶことで、回収をあなたに委託するという形にし、売掛先にはあなたの会社に振り込んでもらうようにします。

なぜこのようにするかと言うと、売掛先にファクタリングしたことを知られないようにするためです。

●STEP5　ファクタリング会社に売掛金を支払う（6月30日）

売掛先から回収した売掛金を、そのままファクタリング会社へ支払います。これでファクタリング取引は完了です。

なお以上のように、売掛先にファクタリングの事実が分からない方式を「2社間でのファクタリング」と言います。

これに対して、売掛金があなたを経由しないで、売掛先が直接ファクタリング会社へ売掛金を支払う場合は、「3社間でのファクタリング」と言います。

元々ファクタリングは、自社・売掛先・ファクタリング会社の3社間での同意で行われてきました。

しかし、「債権を他社へ売る」という行為は、売掛先から見た場合に、経営状態が悪く、資金繰りが悪化しているというネガティブなイメージを持たれてしまいがちです。

海外では3社間でのファクタリングもビジネススキームの1つとして頻繁に行われていますが、日本では場合によっては取引停止につながる怖れがあります。ファクタリングが普及してこなかったのも、こうした背景があったからです。

そこで登場したのが、売掛先へ通知を行わない2社間でのファクタリングです。売掛先に知られずに債権を売却して資金調達ができることで、多くの中小企業が救われる仕組みだと言えます。

本章では、特に断りがなければ、「ファクタリング」を「2社間でのファクタリング」の意味で使います。

覚えておきたい用語

ここでファクタリングを理解する上で、覚えておきたい用語を2つ説明します。償還請求権と債権譲渡登記です。

・償還請求権

売掛先が倒産してしまった場合に、ファクタリング会社があなたにお金を請求する権利を償還請求権と言います。下記に償還請求権がない場合とある場合の違いを記載します。

償還請求権がない場合（ノンリコースと言う）は、売掛先が倒産してしまった場合にあなたの責任は問われません。つまり売掛金が回収できない場合には、ファクタリング会社への支払義務を免れることができます。

償還請求権がある場合（ウィズリコースと言う）は、売掛先が倒産してしまった場合でも支払い義務が生じ、ファクタリング会社に対する負債を抱えることになります。

ちなみに２社間でのファクタリング契約は「償還請求権がない」場合がほとんどです。

・債権譲渡登記

あなたがファクタリング会社へ売掛債権の権利を公的に譲るための登記を、債権譲渡登記と言います。

具体的には、ファクタリング会社が売掛債権の権利者であることを法務局（登記所）で登記簿（債権譲渡登記ファイル）に記録することです。これにより、登記を行ったファクタリング会社は当該債権を、債務者以外の第三者に対して公に主張することができるのです。民法第４６７条の規定によれば、確定日付のある証書による通知があったものとみなされ、第三者対抗要件（他の人間が債権を主張しても対抗できる条件）が具備されます。

ファクタリングの種類

ファクタリングには、大きく5種類があります。参考までに説明します。

・買取ファクタリング

本章の他の部分で説明している内容は、全てこの買取ファクタリングについてです。売掛債権の回収リスクがなくなると同時に、売掛債権の早期資金化が可能になります。債権のオフバランス化を図ることができ、バランスシートのスリム化につながります。

・保証ファクタリング

国土交通省が創設した「下請債権保全支援事業」に基づき、取引先（元請企業）からの支払いをファクタリング会社が保証するサービスです。

ファクタリング会社から見ると、他人が有する売掛債権や手形を与信判断・信用調査の上で買い取って、その債権の回収を行うことになります。債務者が支払不能になった場合、ファクタリング会社が債権会社に代金を支払います。

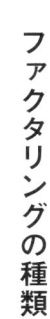

利用企業から見ると取引先の倒産等によって売掛金や手形などの債権が回収不可能になるというリスクを回避できるサービスです。

手数料を払い続ける必要はありますが、債権回収を確実なものにできます。回収保証、損害補填といったイメージです。

・一括ファクタリング

決済の手段に関するサービスです。債権者側（支払先・下請）の会社が債務者側（支払元・元請）の会社に対して有する売掛債権をファクタリング会社が買い取り、債権者側の会社へ支払いをする金融サービスを言います。

取引先企業は手形発行事務の軽減や印紙代の節減など手形発行の経費削減が見込めるというメリットがあり、支払手形に代わる新しい決済手段として大手企業を中心に導入されています。

このサービスを利用する際には、三者の合意が必要になります。

・国際ファクタリング

国際ファクタリングとは、海外の販売先と輸出取引における売掛金回収を確実に行うための金融サービスです。

海外の企業と貿易、輸出取引を行う場合は信用状（Letter of Credit）という銀行が発行する支払い確約書が利用されていましたが、この信用状を発行するには手続きが複雑で、かなりの手間と時間が必要です。

そこで信用状を用いずに、世界各国の金融機関と協力して海外の売掛金を支払保証することで、輸出取引を安心・確実に行うことができるようにしたサービスが生まれました。

・医療ファクタリング（診療報酬債権ファクタリング）

医療機関の社会保険診療報酬支払基金や国民健康保険団体連合会（国保連）への診療報酬（レセプト）をファクタリング会社が買い取り、早期資金化するサービスです。

医療業界ではかなり浸透してきており利用されています。

ファクタリングのメリットとデメリット

以下にファクタリングのメリットを列挙します。

- 最短1日で売掛金を早期に資金化できる
- （売掛金の額以内だが）大口の資金調達も可能
- 取引先に知られないで売掛金を売却できる（2社間でのファクタリングの場合）
- キャッシュフローを改善できる（実質上支払サイトが短期化されるため）
- バランスシートのスリム化（負債でなく資産になる）
- （通常）取引先が倒産して売掛金が回収できなくても支払義務が発生しない
- （融資実績にならないので）銀行融資の再開を目指せる
- 信用情報への影響がない
- 金融機関やビジネスローンと審査方法が違い、赤字・債務超過・税金滞納でも利用できるメリットの多いファクタリングですが、デメリットも存在します。

- **売掛金がないと資金調達できない**
- **売掛債権の金額の範囲内しか調達できない（月商以上は調達できない）**
- **手数料が高い**
- **返済を分割できない**
- **自社よりもむしろ売掛先の信用状況に依存する（資金調達できなかったり、手数料が高くなったりする）**

ファクタリング審査でのチェック項目

ファクタリング会社によって審査内容は異なりますが、概ね図表2のような項目がチェックされます。右側の数字はおおよそのスコアです（＋は審査に有利、－は審査に不利な項目）。該当する項目のスコアを全て加算して、数字が大きければ大きいほど審査に通過しやすくなります。

ただし下記のチェック項目とスコアは、筆者独自の経験則により導き出したもので、公

図表2．ファクタリング審査でのチェック項目

資金繰りが特に悪くない	+40
売掛先の信用力が高い	+60
売掛先との取引履歴が長い	+60
入金サイトが短い	+40
申込から入金までの期間が短い	+30
急成長過程である	+50
利益率がファクタリング手数料より高い	+50
融資・出資・上場など、売掛金以外での資金流入予定がある	+40
必要書類が全て揃えられている	+30
経営者が誠実である	+30
経営者が財務状況を把握している	+30
面談時間を守る	+30
利用目的が季節要因などによる	+30
ファクタリング利用金額に妥当性がある	+30
譲渡登記を行ってもOK	+60
単発の利用で資金繰りが好転する	+50
支払いサイトが45日を超えている	-50
調達希望額が月商の5割以上	-30
税金など公租公課の滞納中である	-40
債務超過	-80
売上が右肩下がりで減少している	-60
ファクタリングの利用手数料が経営に悪影響を及ぼす	-60
売買契約に譲渡禁止条項がある（売掛先の承諾なしに債権を譲渡できない）	-80

式のものではありません。あくまで参考程度に留めてください。

なお以下の場合は、ファクタリングによる資金調達は不可能と言っていいでしょう。

- **反社会的勢力や性風俗業者である**
- **売掛金がない**
- **売掛金が不良債権化している**
- **既に当該債権の譲渡登記をしている**
- **個人事業主である**
- **売掛先が個人である**
- **面談が不可能である**
- **面談中に虚偽の申告が発覚した**

ただし売掛先が個人であっても、クレジットカード債権、信販の割賦債権、収納代行会社の売掛金はＯＫです。

ファクタリングの費用について

ファクタリング会社に支払う費用は、３種類あります。

①着手金

着手金については無料の会社も多いですが、３万円程度まで金額を請求する会社もあります。基本的には着手金を請求しない会社が良いでしょう。

②諸費用

諸費用はだいたい以下の通りです。

- 事務手続費用：１万円程度
- 契約書貼付収入印紙代：４０００円程度
- 債権譲渡登記費用（登記が必要な場合のみ）：６～７万円程度
- 登記抹消費用（登記後、抹消を行う場合）：３万円程度

・公正証書（契約内容による）：8万1800円
・確定日付（契約内容による）：3400円

③手数料（掛け目）

手数料率にはだいたいの相場があります。

・1～5％
3社間取引の場合。入金口座の変更や管理権限の譲渡、売掛先への通知が必須。

・6～15％
2社間取引で、売掛先や利用企業の信用力が高い場合。

・15～20％
2社間取引で、初回利用はこの間の手数料から始まる場合が多い。

・20～40％
2社間取引で信用力が低い場合。あるいは売掛金額が非常に小さい場合。

なお延滞事故がなければ、繰り返し利用で料率が逓減されていく可能性があります。

ファクタリングを利用する場合には、手数料についてよく考えてみましょう。

30日後の100万円の売掛金を80万円で売る（8割引きで買い取ってもらう）というのは、80万円を借りて、30日後に100万円にして返すことと同じです。これを金利に換算すると、ひと月当たりの利息は25％。年間に換算すると300％にもなってしまいます。

一般的な銀行融資やビジネスローンの実質年利率が2～15％程度ということを考えると、年利率換算300％のファクタリングは、実質上の利率である手数料が高いというのが最大のネックになるでしょう。

しかし、そもそも年率2～15％の融資が受けられない企業が多いのが現実です。前述した通り、ファクタリングはスピードが速く審査の通過性が非常に高いため、中小企業の経営者にとっては、緊急時における非常に有効な資金調達手段となります。また返済リスクがないことも大きなメリットです。

ただし（2社間での）ファクタリングを毎月のように利用することはお勧めできません。あくまで緊急時などに数回だけ利用することが望ましいでしょう。

なぜ手数料が高いのでしょうか。

ファクタリング会社から見た場合、2社間での契約は非常にリスクが高くなります。資金繰りに困っている会社の場合、売掛先から入金されてきたお金を着服してしまう可能性があります。ファクタリング会社にとっては高いリスクになるため売掛債権買取手数料は高く設定されているのです。

なお、ファクタリングは「売掛債権の譲渡・金銭債権の譲渡受け」に該当し、非課税となります。手数料も非課税です。

絶対に押さえたい契約内容で重要な４つのポイント

ファクタリング契約をする場合に、以下の４つのポイントは絶対に押さえましょう。

１．債権譲渡登記をする／しない

債権譲渡登記を行うと、審査通過率が上がるなどのメリットがあります。

２．売掛先への債権譲渡通知をする／しない

２社間でのファクタリング契約は基本的に債権譲渡通知を行わないので、売掛先には知

られずに資金を手にすることができます。しかし、譲渡した売掛を期日通りにファクタリング会社へ支払わなかった場合などには、売掛先へ通知されるので気をつけましょう。

3. 株式譲渡担保

2社間でのファクタリングを検討している会社は、不動産などの担保がない場合がほとんどです。利用金額が高額の場合、ファクタリング会社のリスク回避のために株式を担保にされることもあります。

4. 償還請求権

2社間でのファクタリング契約は償還請求権がない、つまり売掛先が倒産してしまった場合、あなたの責任は問われず、支払い義務が生じない場合がほとんどです。仮に2社間でのファクタリング契約であるにもかかわらず、償還請求権がある契約内容の場合は、実質的には融資となり、ファクタリング会社が違法行為をしているものと考えられます。

2社間で償還請求権がある契約は絶対に行わないようにしましょう。

ファクタリングの会計処理の勘定科目

ファクタリングを実施した場合の仕訳のやり方を、1000万円の債権を900万円で譲渡した場合を例として、以下に示します。

■債権譲渡時（資金調達時）

現預金900万円／売掛金1000万円
債権売却益100万円

■回収時

現預金1000万円／預り金1000万円

■返済時

預り金1000万円／現預金1000万円

なお、正式には上記の通りですが、金融機関対策などを考慮すると別の仕訳を使ったほうがいいかもしれません。その場合は顧問税理士に相談するとよいでしょう。

他の売掛金を利用した資金調達と比較

売掛金は会社の資産であり、資金調達の際にファクタリング以外での利用方法があります。ファクタリング以外の売掛金を利用した資金調達方法は、大きく分けると下記の３つがあります。

- **売掛金担保融資**
- **手形割引**
- **電子債権割引（でんさい割引）**

以下に順に説明します。

・売掛金担保融資

売掛金担保融資とは、債権譲渡登記を行うことにより、売掛金を担保として融資を行うもので、近年存在感を高めてきている融資制度です。

売掛先への通知が不要だったり、銀行からの返済がリスケジュール中であっても年利で10％を切る形での融資も可能です。

売掛金担保融資を中小企業が受けやすくなるように、信用保証協会が保証を行う制度が２０１１年12月に創設されました。

売掛金担保融資とファクタリングは混同されやすいのですが、全く違うものです。２つの違いを図表３に示します。

注目してほしい点は、ファクタリングは調達コストが高いもののスピードが速く審査通過率が高いため、中小企業の経営者にとって非常に有効な資金調達手段となるということです。融資審査に落ちてもファクタリングは利用可能ですが、その逆はあり得ません。

図表3. 売掛金担保融資とファクタリングの違い

	売掛金担保融資	ファクタリング
調達可能金額	1000万円〜3億円程度 (商品内容や審査による)	売掛債権の金額の範囲内 (月商以上は調達できない)
バランスシート	借入金(負債)の増加	現金(資産)の増加
調達コスト	調達金額の2〜20%(1年間)	調達金額の5〜25% (30〜45日)
業種	貸金業・ローン	債権売買
返済期間※	1〜15年	30〜45日程度
返済回数※	12〜180回(商品内容による)	1回
負担費用の概念	金利や実質年率	手数料
リスク	売掛先が破綻したときの責任を負う(償還請求権がある)	(通常は)売掛先が破綻したときの責任を負わない(償還請求権がない)
審査ポイント	審査が厳しい(借入状況や支払のリスケジュール等の確認、財務内容や資産状況、場合によっては個人資産の調査、担保設定など)	融資とは審査基準が異なる(取引履歴と売掛先与信が重要視される)
審査期間	1〜2カ月	1日〜1週間
債務超過や税金滞納がある場合	債務超過・税金滞納は即NG	債務超過・税金滞納でもOK 税金は分割納付で合意し、口座の差押えリスクがなければOK
認知度	古くからある一般的な資金調達方法	日本ではあまり知られていない
信用情報	信用情報として残る	信用情報に残らない
資金調達後の問題	融資後の追加融資は難しい	ファクタリング後も融資の可能性あり

※分かりやすくするために「返済」と記しているが、ファクタリングには「返済」という概念はない

・**手形割引**

「手形」とは約束手形のことで、「○カ月後に○○円支払います」といった証書を交わし、現金化されるのは○カ月後となるものです。

手形は証券として他の人に譲ることができるため、現金の代わりとして使用することもできますが、不渡り（手形を発行した企業の資金繰りが悪化して期日に現金を支払えないこと）が発生するリスクがあるので、手形での代金受取を拒否する会社もあります。

また支払期日までは現金にならないため、手形を銀行に持ち込んで「割引」することが多いのです。割引とは、手形を額面の金額からいくらか差し引いた金額で買い取ってもらうことです。

一方、売掛金は取引先との２社間の取り決めなので、手形のように社会に流通することはありません。ファクタリングは、このような性質を持つ売掛金を、ファクタリング会社が介在することで、あたかも手形割引のように債権を現金化する方法だと言えます。

・**電子債権割引（でんさい割引）**

電子債権あるいは「でんさい」とは正式には電子記録債権と言い、従来の手形や指名債権（債権者が特定される債権、売掛金もこれに当たる）の問題点を克服した新たな金銭債権です。手形での問題点であった事務処理の煩雑さや印紙代の負担、紛失のリスクなどをなくすべく創設された「ペーパーレスの手形」と言えば分かりやすいでしょう。

手形と同様に期日前に金融機関で割り引いて資金化することが可能です。

やってはいけない行為

ファクタリング利用時に絶対やってはいけない行為をまとめました。刑事罰に処せられることもありますので、注意しましょう。

・譲渡した売掛金を、自社の資金繰りに流用する

既にファクタリング会社へ譲渡した売掛金を回収したあと、ほかのことに使ってしまうと、横領罪に問われる可能性があります。通常、融資での返済が滞った場合に横領罪に問われることはまずありません。

譲渡した売掛金はあなたのものではなく、ファクタリング会社に所有権があるからです。ここが融資とは違う大きなポイントです。

ファクタリングでファクタリング会社への売掛金の入金が滞った場合は、最悪、刑事告訴されてしまう可能性もあるということです。

売掛金の流用は絶対に行わずに、しっかりと期日通りに振り込みましょう。

刑事告訴をされないとしても、売掛先への通知は行われてしまいます。このことは債権を売却したことを売掛先に知られたくない経営者にとっては大きなデメリットになります。その売掛先との取引そのものが停止になり、その影響で自社が倒産してしまう怖れすらあります。

・取引先や知人などと共謀して架空の売掛金を申告する

一定期間売掛金があるように見せかけるために不自然な取引履歴をつくったり、通帳を偽造したりするなどして、架空の売掛金があるように見せかけてそれを売却することは、詐欺罪に該当します。

論外の行為です。

ファクタリングがもっと活用される世の中に！

ファクタリングは、ヨーロッパやアメリカではあたりまえの資金調達方法の1つです。

ファクタリングの歴史は意外と古く、イギリスでは14世紀後半に売掛債権の支払保証をするファクタリング会社が存在していたと言われています。

アメリカでも19世紀頃からファクタリングが始まり、今ではごく普通の資金調達方法として定着しています。

日本では昭和47年に導入されたファクタリングですが、その仕組みがほとんど根付いていないのが現状です。ファクタリングの日本での普及が進んでこなかった背景としては、「資金調達と言うと銀行融資」という不文律があったためと考えられます。

しかし、あらゆる会社が保有している資産である売掛債権を有効活用するために、ファクタリングなどの資金調達方法の認知とサービス利用が進んでいくことは、社会的にも経済的にも歓迎できることでしょう。

経済産業省も「売掛金を活用した資金調達が正当な資金調達手段であることの周知徹底

が必要である」との認識を示しています。

「中小企業では自己資本の比率が27・3％であるのに対し、借入金の占める割合が40・7％と高く、金融機関の貸出態度の影響を受けやすい資金調達構造となっている」

「中小企業が有する売掛債権（受取手形を含む）は2005年度で91・0兆円であり、従来から担保として利用されてきた土地86・9兆円に匹敵する規模に達している。また、中小企業の在庫（棚卸資産）は46・9兆円である。そこでこれらに着目し、不動産担保に依拠せずに中小企業者が有する売掛債権や動産を担保とした融資の拡大を通じて、中小企業の資金調達の円滑化を図ることが期待されている。しかしながら、現在、売掛債権担保や動産担保はほとんど活用されていないと言ってよい」

「売掛債権担保の活用に係る課題は、売掛債権を担保に資金調達することが風評被害を招きかねないという点である。つまり、『売掛債権にまで手を出さなければ資金の調達ができず、資金繰りが苦しい企業である』とみなされる懸念があるということである。この問題については、売掛債権を活用した資金調達が正当な資金調達手段であることの周知徹底が必要である」（経済産業委員会調査会「中小企業における資金調達の課題～売掛債権

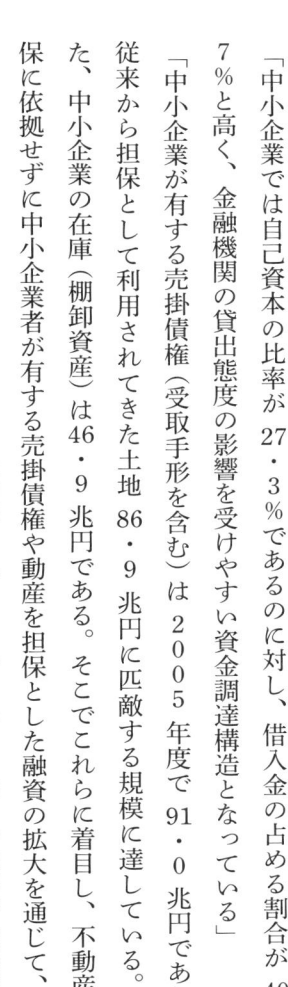

担保及び動産担保の活用に向けて〜」より抜粋）

世界的に見ても日本の資金調達においては、借入の依存度が高い状況にあると言われています。経済産業省がこのような認識を示していることを多くの人が知り、ファクタリングを含めた借入以外の資金調達方法が普及することを願ってやみません。

高い手数料や債権の譲渡を好ましく思わない商慣習の問題などもありますが、不動産担保等がないため金融機関からの融資を断念している中小零細企業にとっては心強い資金調達の手段ではないでしょうか？

自社の財務内容や利益構成を鑑みながら、ファクタリングも上手に活用して、事業を円滑に進めてゆくことができれば、それはとてもすばらしいことではないでしょうか。

方法8　その他

フィンテック、仮想通貨……。資金調達の方法はまだまだある

ネット時代の新しい資金調達方法の特徴

ネット時代になって、新しい資金調達方法が次々と出てきました。

その大きな特徴は、資金を調達したい側（企業や個人事業主）と提供したい側（投資家や支援者）が、直接つながるようになったことです。

たとえば1万人の人から1万円ずつ集めることができれば1億円になります。しかしネットが普及する前には、1万人を集めたり会ったりするコストと時間を考えると現実的ではありませんでした。

ところがネットの普及により、こうしたコストも時間もほとんど必要なくなりました。

既に見てきた資金調達方法の中にもネット時代ならではの方法があります。クラウド

ファンディングがそれです。これはまさしく大勢の人から少しずつ援助を集める方法であり、ネットの普及なくしては考えられなかった資金調達方法です。

またネットが普及する前から公的融資や補助金・助成金はありましたが、それらの情報にアクセスすることがずっと簡単になりました。

他の調達方法も、ネットのおかげで調達先を探すのが簡単になりました。アメリカのエンジェルリストの成功で、エンジェル投資家がずっと身近になりましたし、ベンチャーキャピタルもネット時代になって探しやすくなりました。その恩恵はベンチャーキャピタル側も受けており、ずっと投資先が探しやすくなりました。

その他、ビジネスローンやファクタリングについてもネットからさまざまな情報を得ることができます。

さらにスマートフォンの普及に伴って、新しい技術が爆発的に広まってきています。それは、「フィンテック」と「仮想通貨」です。これらを活用した資金調達方法がいま注目を集めています。

以下にこれらを活用した資金調達方法を見ていきましょう。

フィンテックとは？

「フィンテック（FinTech）」とは、アメリカ発の金融関連のＩＴ技術で、「Finance（金融）」と「Technology（テクノロジー）」を組み合わせた言葉です。

フィンテックが画期的なのは、金融機関を通さず、スマートフォンやパソコンを使って、融資や資金調達が受けられる点です。

各フィンテック企業は、独自の審査方法を採用し、より正確に「利用者が必要な資金が受け取れるよう」融資の間口を広げています。

もちろん貸し倒れのリスクを抱えないよう、顧客の信用データを活用し、フィンテック企業と顧客の双方にメリットがある新しい融資システムを確立しています。こうした背景もあって、フィンテックサービスの利用者は毎年急増しています。

２００８年に起こったリーマンショックから、新たな金融のトレンドを生み出したいというムーブメントが起こり、フィンテック革命が始まりました。その流れは徐々に勢いを増していきましたが、２０１４年には、フィンテックを通じた融資が1兆２０００億円にまで膨れ上がりました。これは、前年比の約3倍です。

こうして、２０１４年以降、フィンテックは、世界中に知れ渡るようになったのです。アメリカだけでなく、ヨーロッパ、アジア地域にも広がりました。

フィンテックで提供されるサービスは、資金調達やスタートアップ資金の融資だけではありません。個人への小口融資、送金サービス、決済、資産運用、預金業務、クラウド会計、家計簿とオンラインバンクの連携などのほか、複数のクレジットカードを１枚のカードにまとめて決済できるサービスなど広範囲にわたります。

大手銀行やクレジットカード会社は当初フィンテック企業を脅威と感じていましたが、現在ではフィンテック企業に投資をしたり、フィンテック企業との提携を行ったりして、共存共栄の道を探っています。また自らもフィンテック関連の開発をしています。

Twitter創業者によるSquareとは?

フィンテックのサービスの一例として、Twitterの創業者ジャック・ドーシーが手掛けたフィンテックの決済サービスSquare（スクエア）を紹介しましょう。

Squareは、スマートフォンやタブレット端末からクレジットカード決済とＰＯＳが利用できるサービスです。最近ではＰＯＳレジの導入を止め、SquareのＰＯＳサービスを採用する企業や個人商店の数が増えてきました。店舗内だけでなく、小さな屋台やイベントブースでもSquareが導入され、クレジットカードや電子マネーによる少額決済ができるようになりました。

Squareは、決済や支払いができるだけではありません。店舗の売上動向や利用者が望むサービスをデータ化する機能もあります。Square（およびTwitter）から取得されたデータはビッグデータとして、経営コンサルティング業務や事業融資、新たなマーケティング戦略に活用されています。

このビッグデータを使って、どの企業が将来性のある事業を展開しているのかがリアルタイムに分析されています。そして今後発展の見込める個人や企業に対して融資を実施するために使われています。

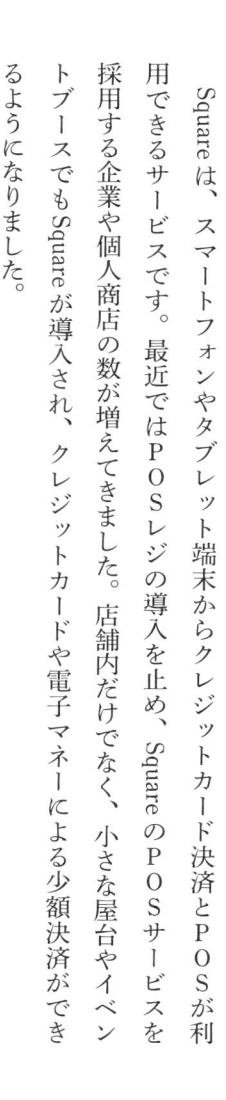

Squareの金融サービス（Square Capital）は、銀行を通さない金融システムとして、世界中から注目を集めました。

アメリカ国内では、既に多くの個人やベンチャー企業が、Squareから融資を受け、事業資金を活用しています。

Squareのサービスは北米だけに留まりません。２０１５年10月から日本国内にも決済システムが導入されました。今後は金融分野への進出が期待されています。

フィンテックで事業融資を受ける方法

フィンテックによる事業融資を受けるにはどうしたらいいでしょうか。

大きく分けて３種類の方法が存在します。

①クラウドファンディングサービスを利用する

クラウドファンディングについては、別の章で詳しく述べましたので、そちらを参照してください。

②ソーシャルレンディングでマッチングを受ける

「ソーシャルレンディング」とは、融資を受けたい側と融資したい側を直接マッチングさせるサービスです。

クラウドファンディングは、起業やプロジェクトを応援する人がその費用を出資するという意味合いが強く、個人の出資者が多いのですが、ソーシャルレンディングの場合は融資や投資という意味合いが強く、企業が企業に出資する事業性の高いモデルになります。しかし近年ではクラウドファンディングの中にも、投資や貸し付けを行うモデルも出てきており、双方の線引きは曖昧になりつつあります。

ソーシャルレンディングには大きく3つのパターンがあります。ただし、まだ新しい形態なので、以下に出てくる呼び方については、他の呼び方をする人やメディアもあります。


1つ目は、「マーケット型」と呼ばれるものです。まずサービスの運営会社が審査して、借り手の格付けを行います。一方貸し手側は、格付けごとに金額と金利を決めます。運営会社は、出資額を束ねて、貸し付け希望条件にあった借入をマッチングします。金利が需要と供給の関係でタイムリーに変化しながら、公正に決まるので「マーケット型」と呼ばれています。

2つ目は、「オークション型」と呼ばれるものです。借り手側は借入の目的や自己の信頼

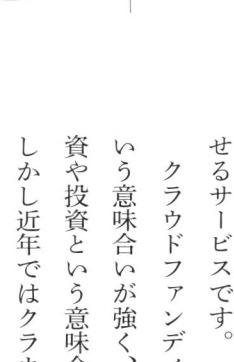

度をアピールし（個人情報は一切公開されません）、貸し手側はそれを判断材料にして、金利と融資額を決めます。通常は一番低い利率でビッドした貸し手（複数もあり得ます）が貸し付けの権利を得るので、「オークション型」と呼ばれています。

３つ目は、「ファンド型」と呼ばれるものです。運営会社が融資希望者を審査して、金利・金額・期間等を決定し、貸し手はその条件を見て出資額を決定します。企業情報や事業計画を運営会社に提出することが求められ、場合によっては担保や保証人が必要になることもあります。運営会社はファンドの形で貸し手を募るので「ファンド型」と呼ばれます。

欧米では、既にメジャーになりつつある資金調達方法ですが、日本ではファンド型を中心にこれから成長していくものと見られています。

現時点で国内の有名なソーシャルレンディングサービスには、AQUSHやmaneo（マネオ）、クラウドバンク、クラウドクレジットなどがあります。

③今後導入予定の融資サービスを待つ

まだ国内には導入されていませんが、法整備や規制緩和が整い次第、フィンテック企業による融資サービスが導入される予定です。

アメリカ発のSquareやPayPalのほか、日本の楽天グループが、先頭を切って融資サービスを始めるのではないかと、大きな期待を集めています。

フィンテック企業は独自に収集したデータのほか、クレジットカード会社と提携し、利用者の所得状況や過去のショッピング利用歴などを詳しく把握しています。このため、審査や申込の手続きは、他の金融機関と比べて簡潔に行われます。

今後は、日本国内でも銀行ではなく、フィンテック企業から融資を受ける起業家や実業家の数が急激に増えることでしょう。

ICO～仮想通貨を利用した資金調達とは？

ICOとは、Initial Coin Offeringの略で、日本語に訳すと「新規仮想通貨公開」となります。これは、自らが仮想通貨を発行して資金調達を行う方法です。

既にICOを行い資金調達に成功している人や団体は多く、海外はもちろん、国内でも多くの成功例が見られます。

２０１７年に入って以降大きな盛り上がりを見せている仮想通貨市場ですが、２０１８

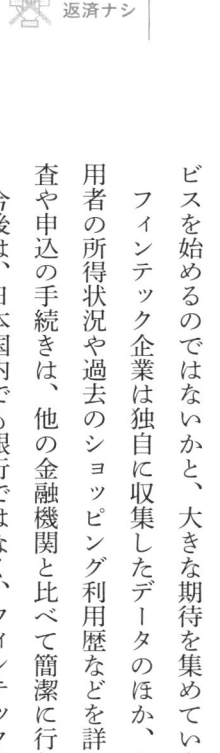

年1月末に日本の仮想通貨取引所コインチェックから約580億円分の仮想通貨「NEM（ネム）」が不正流出した事件（以下、コインチェック事件）が発端となり、仮想通貨の安全性や信頼性が大きく揺らぐ事態になりました。

しかし一概に、「仮想通貨は危険」と決めつけるのは早計です。コインチェック事件においても、ハッキングされた仮想通貨（NEM）そのものを支えている「ブロックチェーン技術」の脆弱性や欠陥は見当たりませんでした。

ブロックチェーン技術は、中央に管理者を置かずに参加者全員で監視が行えるという、過去に例を見ない信頼性の高い技術として世界的広がりを見せています。

ブロックチェーンの解説は専門的なIT技術となるので他に任せますが、安全な仮想通貨取引のためには、仮想通貨そのものの仕組みではなく、各取引所のセキュリティーがしっかりしている必要があるということを強調しておきたいと思います。

なお、仮想通貨をFXのように為替取引で利益を得る目的で買う人が多いですが、これは外貨や株と同じで、確実な値上がりが保証されるものではありません。このような目的で仮想通貨を購入する場合は、正しい知識を身に付けるのはもちろんのこと、最新のデータなどを精査した上、ご自身の管理・責任の下で運用を行ってください。

ＩＣＯへの規制は、日に日に強化されています。既に中国ではＩＣＯ取引の全面禁止が実施されましたが、国内の規制もますます厳しくなることでしょう。コインチェック事件以降、仮想通貨取引所に対する監査の目は以前にも増して厳しくなっていくのは確実です。

その一方で、ＣＯＭＳＡなど実ビジネスへのブロックチェーン導入を支援するＩＣＯソリューションが人気なことから、国内外のＩＣＯ件数が増える見込みです。

また消費者や個人投資家がより安全な仮想通貨取引が行えるよう、各国の法律も整備されていくはずです。

ＩＣＯで資金を調達するとは？

それでは、ＩＣＯで資金調達を行う仕組みについて説明します。

なおＩＣＯは企業や団体だけでなく、個人でも簡単に行えます。後述する通り、スマートフォンアプリを使ってわずか数分から数十分で独自通貨（以下、トークンと言います）を発行できるのです。

ＩＣＯはクラウドファンディングの一種です。一般的なクラウドファンディングは、出資者や支援者は、返礼される物やサービスおよび応援に応えてくれる満足感に期待して出資することが多いのですが、ＩＣＯでは、トークンの今後の値上がりを期待して出資を行います。

コインを購入する投資家側は、企業の提供するサービスに仮想通貨を使用できるほか、仮想通貨が値上がりをした場合には差益を受け取ることが可能なのです。

しかしＩＣＯには厳格な基準や審査や条件が存在しません。このため投資家は一定のリスクを踏まえた上で、トークンを購入する必要があります。

ＩＣＯの種類は５つ

ＩＣＯの種類は、大きく５つあります。

●仮想通貨型

送金や決済手段として使われることを前提にトークンが発行されます。

・アプリケーション／プラットフォーム型

ネット上に流通する、アプリケーションやプラットフォームを使用するためにトークンが発行されます。

代表的なアプリケーション／プラットフォーム型トークンにはイーサリアムがあります。イーサリアムのプラットフォーム利用料を支払うためのトークンがＥＴＨ（イーサ）です。なお「イーサリアム」はブロックチェーン技術を指すことがあり、トークンとしてのイーサリアムとは混同しないよう注意が必要です。

・プリペイド型

商品やサービスを利用した場合、プリペイドカードのように「決済」できるトークンが発行されます。

・会員権型

コインの保有数に応じて、事業者より会員優待や割引などが受けられるトークンが発行されます。

・ファンド持ち分型

企業の実施するサービスやプロジェクトの利用で、コインの保有数に応じた収益が得られるトークンが発行されます。

ＩＣＯのメリットとデメリット

ＩＣＯのメリットは、株式や私募債などの発行とは違い、コストを掛けることなくスピーディーに資金調達できる点にあります。

一方デメリットは、「仮想通貨」という実態の見えない通貨を扱うため、投資詐欺やハッキングなどの犯罪に巻き込まれるリスクがあることです。

ＩＣＯの手順

ＩＣＯでは、まず「ホワイトペーパー」と呼ばれる計画書を作成しプロジェクトの概要、トークンの用途、売り出しの方法、開発スケジュールなどを発表します。

このホワイトペーパーに盛り込まれている内容が、魅力的で説得力、実現性、将来性があるかどうかで、資金調達の成功率が大きく変わってきます。

大きな資金を調達する場合には、ホワイトペーパーの段階から入念にセールスの方法を検討しましょう。また優秀な開発メンバーを集めてプロジェクトを進める必要があります。

ホワイトペーパーを作成したら、ブロックチェーン上で独自トークンの発行を行います。トークンを発行する際には、ビットコインやＮＥＭなどの仮想通貨を用います。これはマネーロンダリング（資金洗浄）ではないことを証明するためです。

もし法定通貨と交換のできるコインを発行してしまうと、仮想通貨取引所を介さない売買として、違法性が疑われることになります。

独自トークンを発行すればＩＣＯは完了しますが、その後もどのようにプロジェクトが進捗しているのかを投資家に忘れず報告し、情報公開に努めることが大切です。

トークンを発行する方法

トークンを発行する主な方法は以下の通りです。

①ビットコインなどのオープンソースから独自通貨を開発する

ビットコインなどでは、処理プログラムのソースコード（人間に分かる形で書かれたプログラム）が公開されており、複製・修正・再配布などが自由に認められています（このような形態のソフトウェアをオープンソースソフトウェアと言います）。

したがって、ソフトウェア開発の専門知識を持つ個人や企業は、ビットコインなどのソースコードを修正して、自由にトークンを発行することができます。

技術力さえあれば最も自由度が高い方法ですが、そうでなければ最もハードルの高い方法だと言えます。

②IndieSquareで独自トークンを発行する

IndieSquareは、ビットコインを使って独自の仮想通貨独自の通貨が発行できる、便利なサービスです。

２０１７年末には利用者が10万人を突破し、既に６０００を超える「独自のトークン」が次々と発行されてきました。

発行をしたトークンは、IndieSquare Wallet（iPhoneやAndroidのスマートフォンアプリ）

で利用できるほか、ポイントサービス、スタンプ、ゲーム内通貨としても使用できます。用意するものは、IndieSquareのアプリをインストールしたパソコンまたはスマートフォン、トークン発行用のXCP（仮想通貨）、および手数料に相当するBTC（ビットコイン）です。

初期費用としては、0・5XCP＋0・005BTCもあれば十分でしょう。2018年1月末のレートでいえば、0・5XCPは約2250円、0・005BTCは約5000円でしたので、合計約7250円が必要でした。このように低額で仮想通貨を発行できるのが特長です。ただし、常にレートは変動していますので、あくまで目安にしてください。

あとはサイトのガイダンスに沿って、通貨の名称、トークンの単位を決めればすぐに、自分だけの独自通貨が発行できます。

あなた独自のサービスを構築するには、IndieSquareが提供しているAPI（アプリケーションから利用できるさまざまな機能群）とSDK（ソフトウェア開発キット）を利用します。トークンの送信、発行、分散型取引所への注文処理など必要な機能が揃っています。

なお通貨発行の詳細については、IndieSquareの公式サイトを参照してください。

③ Wavesで独自トークンを発行する

Waves（ウェーブス）はトークンを発行するためのプラットフォームです。誰でも簡単に独自通貨を発行できるので、国内のブロガーやインフルエンサー（情報や評判を拡散する人）の間でも人気のサービスです。

トークンの発行手順は極めて簡単です。まずネットからWavesのアプリをダウンロードします。

次にウォレット（Wallet、財布）を設定します。ウォレットの名前やパスワードを入力して、アカウントを開設できます。その後Wavesのサイト上で「TOKEN CREATION」の項目をクリックし、通貨の名前・発行枚数・単位などを設定するだけで独自通貨を発行できます。

サイトのガイダンスは英語ですが、操作自体は簡単なので、英語が苦手な方でも大きな苦労はありません。どうしても英語が嫌な方は、次のCounterpartyでトークンを発行するといいでしょう。

④ Counterpartyでトークンを作る

Counterparty（カウンターパーティー）は、ビットコインを使って独自通貨を発行してくれる便利なサービスです。Counterpartyは独自のブロックチェーンを持っておらず、ビットコインが実装しているブロックチェーンを使って、サービスを提供しています。

Counterpartyの基軸通貨はＸＣＰと言い、国内ではZaif（ザイフ）でＸＣＰが購入できます（海外の取引所ではBittrex、Poloniexにて購入可能）。

初期費用はIndieSquareと同様、０・５ＸＣＰ＋０・００５ＢＴＣもあれば十分でしょう。

次に、ウォレット・アプリを用意してください。CounterwalletやIndieSquare Walletが利用可能です。アプリをインストールしたあと、画面上にある「トークンを発行」ボタンをクリックし、トークンの名称、発行枚数、単位などを決定すれば手続きが完了します。通貨の発行が許可されれば、数時間後にはあなただけの独自トークンが使用できるようになります。

⑤ イーサリアムで独自通貨を発行する

イーサリアム（Ethereum）は、ビットコインの次に注目されている仮想通貨で、取引で行われる契約を自動的に実行・保存する機能を持つ「スマート・コントラクト」という技術を採用しています。

イーサリアムは通貨の発行に対応しており、既にAugur（オーガー）やＤＡＯなどのトークンもイーサリアムによって発行されてきました。

イーサリアムを発行するには、まず「MyEtherWallet」というページで、イーサリアムのウォレットである「MyEtherWallet」を作成し、国内の取引所でイーサリアムを購入します。初期量は０・１５ＥＴＨもあれば十分です。

続いて、Chromeウェブストアでイーサリアムの管理ソフトであるMetaMaskを購入して、インストールします。

さらに購入しておいたイーサリアムをMetaMaskに送金しToken Factoryというサイトでトークンの発行を行います。画面上で、作成するトークンの名称や量、単位などを決定し、「Create Token」というボタンをクリックします。

最後にMyEtherWalletに、contractアドレス、トークンの名称、桁数を入力すれば、一連の作業は完了です。

⑥ CoinLaunchでトークンを発行する

CoinLaunch（コイン・ローンチ）は、カナダ発のＩＣＯ専用プラットフォームです。Coin Creatorというツールをパソコンやスマートフォンにダウンロードするだけで、難しいプログラミングを必要とせず、誰もが簡単に独自トークンを発行できます。

以上がトークンを発行する主な方法ですが、今も新しいソリューションが次々と提供されています。最新情報のウォッチを欠かさないようにしましょう。

トークンとビットコイン、アルトコインの違い

トークンとはビットコインやイーサリアムなどの母体となるプラットフォームから派生した仮想通貨です。より専門的に言うと、トークンとは分散型台帳（ブロックチェーン）上で記録・管理されるものです。

実は仮想通貨であるビットコインはBitcoin、同じくイーサリアムもEthereumというプラットフォームから発行された通貨であり、それぞれ「トークン」と呼べなくもありません。しかし母体を含めると紛らわしくなるので、通常はビットコインやイーサリアムを含

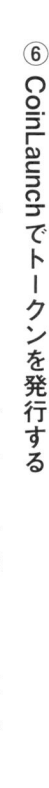

めず、それ以外をトークンと言います。

全世界では、2017年末現在で3000以上のトークンが発行されており、2018年以降も爆発的な勢いで増えています。

したがって全てのトークンを取り上げるのは紙面の都合でできませんが、国内の取引所で購入できるトークンの種類はある程度把握できます。たとえば2018年1月時点で、Zaifで購入できるトークンの種類は次の通りです。

- NEM（XEM）（ネム）
- monacoin（MONA）（モナコイン）
- Bitcoin Cash（BCH）（ビットコインキャッシュ）
- Counterpartyトークン（XCP）
- ERC20トークン
- Mosaic
- BitCrystals（ビットクリスタルズ／BCY）

- Zaifトークン（ザイフトークン）
- Storjcoin X（SJCX）（ストレージコインエックス）
- FSCC（フィスココイン）
- C-CC（カイカコイン）
- NCXC（ネクスコイン）
- Pepecash（ペペキャッシュ）
- JPYZ（ゼン）

その他にアルトコインと呼ばれるものがありますが、これはトークンとどう違うのでしょうか。

アルトコインは、Alternative Coin（代替コイン）の略語で、ビットコイン以外の仮想通貨を全て「アルトコイン」と呼んでいます。このためトークンの母体コインの1つであるイーサリアムについてもアルトコインと呼びます。

アルトコインとトークンはほぼ同じようなものですが、IPOで発行する独自通貨について「トークン」と呼ぶほうがぴったりくるでしょう。

ＩＣＯによる資金調達を成功させるための10のコツ

ＩＣＯを利用した資金調達を成功させるコツを10個挙げてみました。

- ＩＣＯ後にも投資家が安心できる環境を準備する
- ホワイトペーパーの作成に時間を掛ける
- 今後、事業が広がる可能性を分かりやすく伝える
- 購入してほしい層にプロジェクトの内容を伝える
- 詐欺だと疑われないよう、プロジェクトの内容・進捗状況はこまめに報告する
- 仮想通貨の仕組みをしっかり理解してから参加する
- ハッキングの被害に遭わないようセキュリティー対策を行う
- ＩＣＯのメリット・デメリットを理解した上で資金を調達する
- 国内外のＩＣＯ成功例をできるだけ多くチェックする
- セミナーなどに参加し、他のＩＣＯについて研究を行う

これらの項目を１つ１つクリアしていけば、ＩＣＯによる資金調達は非常に高い確率で

成功するでしょう。

ＩＣＯのセキュリティー対策

トークンを発行して資金調達にも成功したとしても、それで終わりではありません。ＩＣＯで発行したトークンをしっかり管理する必要があります。

仮想通貨を保管しているＰＣにウイルス等が侵入しないようセキュリティー対策を万全にするのはもちろん、ウォレットの管理が非常に重要になってきます。

ＩＣＯで発行したトークンは通常、「コールドウォレット」と呼ばれるインターネットから完全に切り離したオフラインのウォレットで管理します。

コールドウォレットにも種類があり、紙ベースで管理を行う「ペーパーウォレット」のほか、専用のデバイスで管理する「ハードウェアウォレット」などがあります。

コインチェック事件では、仮想通貨ＮＥＭを「ホットウォレット」と呼ばれるインターネットからアクセスできるウォレットで管理していたため、ハッキングの被害に遭ったと言われています。これは取引所のミスではありますが、トークンを保有する個人もそれぞれウォレットの管理に気を配る必要があります。

たとえば、数億円単位でトレードする投資家は、ハードウェアウォレットでトークンを安全に保管するのが普通です。コインチェック事件でも盗まれなかったトークンは、投資家がコールドウォレットで管理していたものだということです。

一般に、開設と運用の手間もコストも掛からないタイプのウォレットほど、通貨を盗まれたり取引所の停止時に仮想通貨が引き出せなくなったりするリスクが高まります。

悪質なICO詐欺に引っ掛からないために

オンライン上のハッキング等による被害も深刻ですが、最近ではICOをうたった悪質な投資詐欺、不正取引が行われています。ICOで失敗しないためにも、どのような犯罪が起こっているのかを知っておくとよいでしょう。

事例①　送金詐欺の事例

ニセのサイトを開設して、ICOで発行されたコインを盗む事件が起こっています。

ニューヨークを本拠とする分析会社チェーンアリシスによると、仮想通貨関連のウェブ偽装詐欺による被害額は約2億2500万ドル（250億円）に達したと言います。イーサリアムのデジタルトークン公開サイトを装ったアドレスに送金させるという手口です。

国内でも、個人のオンラインショップやWebサイトがハッキングにより乗っ取られ、不正送金の温床となる事件が発生しています。大切な通貨を盗まれないよう注意しましょう。

事例② SNSを利用したICO詐欺グループ

Facebookや Twitterなどに、ICO投資を持ちかける詐欺グループが存在します。見ず知らずの相手からの甘い話には、絶対に乗らないようにしてください。

あくまで私の感覚ですが、日本語情報でパンフレットを作っているコインは99％詐欺です。またICOセミナーを行っている会社は100％詐欺と断言できます。なぜなら、セミナーをやる必要が全くないからです。仕組み的にネット上の技術だけ、すなわちネット上に文章を公開して、集金すれば全てが事足りるのです。

おわりに

事業を始めるのにも、軌道に乗せて拡大するのにも、あるいは不調になって立て直すのにも、必ずお金が必要になります。

安定した大企業に対しては、銀行は「お金を貸させてください」と頼みに行きます。しかし本当に現金が必要な中小企業や個人事業主にはなかなか貸してくれません。

資金調達先として銀行しか知らない経営者は運転資金が追いつかずに廃業するしかなく、借金だけが残る人もたくさんいます。中には会計上は黒字なのに、売掛金を回収できずに黒字倒産してしまう会社さえあります(銀行の名誉のために付け加えておくと、近年ではエンジェル投資家のように小規模事業を育成する方向に銀行も舵を切りつつありますが)。

政府は、「起業・創業を支援し、日本経済を活性化」するとの方針を打ち出していますが、なかなか起業する人が増えません。これもどうやってお金を調達したらいいのか分からない人や、そもそもお金を借りるのが怖い人が多いからではないでしょうか。

「日本人はお金のリテラシーがない」とよく言われます。これは、株式や不動産などへの投資で資産を形成するためのリテラシーがないという意味で使われることが多い言葉です。しかし、実は資金調達のリテラシーもないのです。

海外、特にアメリカではアイデアがあれば、資金を調達して事業を始める人がたくさんいます。AppleもGoogleもFacebookもみんなこのようにして事業を始め、世界でも有数の時価総額を誇る企業に成長しました。

創業者は皆若い頃に起業し、かなりの額のスタートアップ資金を調達したのでした。アメリカではアイデアにお金を出す文化があるということです。

彼らのアイデアが画期的だったのは事実です。また高い能力も持っていました。だから世界有数の時価総額企業になったわけですが、そこまで行かなくても年商数億円から数十億円ぐらいの企業にするぐらいのアイデアなら、私たち「凡人」にでもあるのではないでしょうか。

しかし日本にはアイデアにお金を出す文化はありませんでした。起業したいと考える側もアイデアにお金を出してもらえると思っていません。なので、貯金などの自己資金で小規模に始めます。

小さく始めることは悪いことではありませんが、軌道に乗ってからもなかなか資金が調達できないのは問題です。小規模のまま自転車操業を続けて、やがて力尽きてしまうからです。

しかし日本でもようやくアイデアにお金を出す文化が芽生えてきました。ネットやスマートフォンが普及してきたからです。クラウドファンディングやソーシャルレンディングあるいはエンジェル投資といった資金調達方法はネットなしには考えられなかったものです。

ただ新しい調達方法なので、知らない人が本当に多いのです。

あるいは「不特定多数の人が少しずつ資金を調達してくれるなんてあり得ない。あっても芸能人とか有名アスリートに対してぐらいだろう」と思い込んでいる人も多いのです。「アイデアに資金を出してくれるエンジェルと言われる人たちがいるが、よほど画期的なアイデアにだけだろう」という思い込みも多いです。

一方で、生まれたときからインターネットやパソコンが普通に存在していた「デジタルネイティブ」と言われる世代の中には、こうした新しい資金調達方法で起業する人がいます。中には10代前半で会社を作る人もいます。彼らはむしろ銀行がお金を貸してくれることを知らないのではないかと思うぐらいです。

言い方は悪いですが「子供のアイデア」でも起業資金が集まる時代になったのです。

あなたのアイデアで資金が調達できない可能性のほうが低いのではないでしょうか。だとしたら、新しい資金調達のやり方を知らないだけで機会損失をしていると言っていいでしょう。

そのたくさんの機会損失が少しでも減れば、日本の経済にどれだけ良い影響を与えるか分かりません。日本の経営者や起業志望者の資金調達力が向上すれば、あらゆるところに有望な新規事業が生まれ、雇用が拡大し、地域活性化につながり、日本全体の景気が良くなり、活気のある社会が実現するはずです。

私は、このような想いから日本人の資金調達力を高めたいと考え、資金調達情報を発信する「資金調達プロ」というＷｅｂサイトを運営していました。

このＷｅｂサイトには資金調達や経営支援のプロたちが書いた、３５０件を超える資金調達のための記事が掲載されており、今も続々と最新情報がアップされています。２０１７年の年間閲覧数は、経営者を対象とした情報サイトとしては異例の１００万ＰＶを超えました。日本最大の資金調達情報サイトと言っていいでしょう。

こうした実績が認められ、「資金調達プロ」は２０１５年１月の開設から３年が経った２０１８年１月に売却。そのため現在では、サイト運営の一線から離れていますが、今でも思い入れのあるサイトであることには変わりありません。「資金調達プロ」が売却に至るまでの軌跡とノウハウの詳細については、現在執筆中で近日発売予定の書籍に譲りたいと思います。

本書は、「資金調達プロ」の中でも起業家や中小企業経営者が資金調達を考える際に最も役に立つ知識を厳選してまとめ直したものです。

資金調達において最も重要な要素は、実はアイデアではありません。あなたの想いと人間としての誠実さです。これは実は昔から変わらないことです。そして、エンジェルやクラウドファンディングなど新しい資金調達方法ではさらに重要な要素になりました。

本書は、志のある人であれば100％資金調達ができることを目指したものです。どうかあなたの志で資金を調達し、早く大きく事業を成功させてください。

なぜなら、日本中が志のある経営者で満ちあふれることが、私の最大の願いだからです。

2018年5月吉日

福田拓哉

巻末資料

プロパー融資と保証付融資

銀行から融資を受ける2種類の方法

銀行が行う融資には「プロパー融資」と「保証付融資」の2種類があります。

プロパー融資とは直接銀行からお金を借り入れる融資のことです。また保証付融資とは信用保証協会に保証人になってもらって受ける融資のことです。

信用保証協会は、1953年に設立された公的な機関です。中小企業や個人事業主を資金調達の場面でバックアップし金融の円滑化を図る目的で設立されました。同協会は保証人の代わりに信用保証を行い、事業者が銀行から資金調達できるようにサポートしてくれます。

なお保証付融資では、法人の場合は代表者のみが連帯保証人となり、個人事業主の場合は連帯保証人を付ける必要はありません。

それぞれのメリットとデメリット

プロパー融資と保証付融資には、それぞれメリットとデメリットがありますが、双方で裏表の関係になっています。下の表にまとめてみました。

信用保証協会の保証付融資を利用する場合、信用保証協会に対して毎年保証料を支払わなければなりません。保証料は1000万円の融資を受けた場合で5~20万円程度です。融資額が大きくなると保証料も高くなります。

また保証付融資の上限は通常、無担保保証の場合は8000万円、有担保保証の場合でも2億8000万円以上の融資を受けることはできません。プロパー融資の場合は審査さえ通れば、必要な額を借り入れることができます。

図表4．プロパー融資と保証付融資のメリットとデメリット

	プロパー融資	保証付き融資
メリット	●保証料が掛かからない ●限度額がない	●銀行の審査に通りやすい
デメリット	●審査が厳しい	●保証料が掛かる ●限度額がある

プロパー融資審査のポイント

プロパー融資では決算書を厳しくチェックされます。最も重要視されるのは、税引き後当期利益（純利益）です。利益が多ければ多いほど審査に受かりやすくなります。

自己資本比率についても厳しくチェックされます。自己資本が充実していればしているほど審査に通りやすくなります。ただしムダな資産を持っている場合には、マイナス評価となることもあります。

その他にもいろいろとチェックされますが、意外と重要なのが経営者の人柄や誠意です。もちろん決算書の分析が優先されますが、最終判断に経営者の人格が絡んでくることがあります。

プロパー融資と保証付融資の使い分け

創業したての企業が銀行からプロパー融資を引き出すのは、ほぼ不可能です。銀行としては、何の実績もない企業といきなり直接取引するのはリスクが高いからです。

そこで先に保証付融資で銀行との信頼関係を築いていき、その後プロパー融資に切り替えるという流れを作ることが大切です。

この流れを作る際にも、いきなり高額のプロパー融資を依頼せず、まずは少額のプロパー融資から始めることが大切です。

銀行にとって貸し出しやすいのは短期間かつ少額の融資です。季節資金やつなぎ資金などは、使いみちが明確で回収できる可能性も高く、金額も少額なため、銀行にとってはリスクが少なく、融資が下りやすいと言えます。

まずは小口のプロパー融資から始めて徐々に信頼を勝ち取っていき、その後少しずつ額を大きくしていくのが近道と言えます。

なお本文にも書きましたが、銀行から信頼を得る方法としては、保証付融資以外でも、公的融資やノンバンクからの融資返済実績を積み重ねることも有効です。

信用保証協会の審査を通すコツ

では、保証付融資を受けるにはどうしたらいいのでしょうか。

大きく2つのコツがあります。

①既に取引のある銀行から信用保証を申し込む

取引銀行があるのなら、銀行経由で信用保証協会に申し込んでもらうといいでしょう。付き合いの長い銀行であれば、会社の業績や経営状態をよく知っているので、信用保証協会に上手に会社の状況を伝えてくれるでしょう。また銀行と良い関係であれば、担当者が審査書類の書き方等をアドバイスしてくれることも期待できます。

銀行経由で信用保証を申し込む場合、書類を作成するのは銀行の担当者になります。担当者としっかり連携して、良い書類を作ることが、審査を通す大原則です。

②企業概要をしっかり書き事業計画書を添付する

信用保証協会に申し込みをする際に、まず「企業概要」がチェックされます。申込用紙の企業概要欄への記入は、余白を埋め、内容のある文章になるよう心がけてください。

企業概要は、あなたの会社がどのような事業を行っているのかを審査側にアピールする大切な場です。「融資したい」と思われるように、会社の魅力を思う存分アピールしましょう。

ただし企業概要欄のスペースは大きくありません。事業内容を十分にアピールするためには、「事業計画書」を添付することをお勧めします。事業計画書を通して、業績向上への努力を伝えることができれば、審査の可決率はアップします。

事業計画書を書くコツは、次の項にまとめました。

書類作成に自信がない場合には、取引銀行の担当者や中小企業診断士、行政書士などのプロに支援を依頼するのもいいでしょう。

資金調達をスムーズにするための事業計画書の書き方

出資を得るには事業計画書が必須

ベンチャーキャピタルから出資を得るときでも、公的融資機関や銀行から融資を得るときでも、あなたの事業を説明しなければなりません。その説明のためには事業計画書が必要です。

事業計画書に盛り込むべき項目は、大きく8つあります。

①会社のミッションと想い

②会社概要・組織体制

③外部環境

④内部環境

⑤ビジネスモデル

⑥今後の展望

⑦収支計画

⑧問題点とその対策

以下に、それぞれのポイントを説明していきます。

①会社のミッションと想い

事業計画書の中で軸となる部分です。

あなたが、どんな想いでこの会社を立ち上げたのか、社会に対してどういう貢献がしたいかを存分に伝えてください。

あなたの原体験から起業に至った経緯を、ストーリー仕立てで、相手がイメージしやすいように表現しましょう。

②会社概要・組織体制

ホームページに掲載するような会社名、住所、資本金などの基本情報に加え、どんな人があなたの会社にいて、それぞれどんなスキルや強みを持っているのかを伝えます。

あなたが今後推進したい事業に必要な知識やスキルが、ここで紹介する自分も含めたスタッフあるいはパートナーがいることで満たされていることを説明します。

③外部環境

あなたの会社を取り巻く、経済状況や業界動向の概要を説明し、その中で事業に影響を与えるであろうデータを取り上げて分析します。

たとえば、葬儀業界であれば、会社周辺の死亡率や月ごとの傾向を調べ、ニーズが拡大しているのか縮小しているのかなどを示していきます。

④内部環境

あなたの会社の内部にどのようなリソースや強みがあるのか分析します。

ヒト、モノ、カネ、情報の4つの観点を軸にしながら、事業の推進力となる部分を掘り下げて分析していきます。

⑤ビジネスモデル

ベンチャーキャピタルが投資を判断する際に、最も関心を示すのが、このビジネスモデルです。

あなたの会社が、「誰に、何を、どのように提供するのか」について文章や図で表現していきます。ビジネスモデルを考えつくに至った背景も、改めてまとめておくといいでしょう。

⑥今後の展望

現在の会社のポジションと、今後数年間のポジションを示します。

会社がターゲットとする顧客層が拡大するのか、または商品やサービスの種類を拡充するのかなどを示します。

どのような方針で黒字化を目指していくのかは重要ですが、スタートアップ段階ではそれほどシビアに黒字化を求められるわけではありません。

⑦収支計画

現在の事業収支と、今後の売上や経費、利益を算出して、一覧表などの形で示します。今後の展望で示したことを基にしながら、どのような売上推移となるのか、途中で資金が尽きて事業が継続できなくなる怖れはないかなどを示します。

⑧問題点とその対策

現在のポジションと今後の展望が分かると、目標と現状の差異が浮き彫りになり、問題点が浮かび上がります。

その問題点に対して、外部環境と内部環境から課題を設定し、それぞれの課題に対してどのように対策を打っていくのかを具体的に示します。

なおここまで挙げた項目は、必ずしも全て入れなくてはならないものではありません。あるいは不足する項目もあるかもしれません。あなたが説明する相手が、いったいどんな情報を求めているのかを考えて、あるいは尋ねてみて、事業計画書を作成しましょう。

なお、ネット上で実際に経営者が作成した事業計画書が公開されています。それらを参考にして、より良い事業計画書を作成しましょう。

福田拓哉

ふくだ たくや

株式会社ユービジョン代表取締役
日本の企業の資金調達力を強化したいとの思いから、
資金調達にまつわる情報を発信する「資金調達プロ」を開設・運営。
2017 年の年間閲覧数は 100 万 PV を超えた。
資金調達できる金額を診断する「10 秒カンタン資金調達チェック」は
その手軽さからユーザーたちの人気を集めている。
これらの実績が認められ、2018 年 1 月には
「資金調達プロ」のサイト売却に成功。
現在、サイト売却のノウハウをまとめた書籍を執筆しており、
近日発売を予定している。

経営者が知らない資金調達8つの方法

2018年5月27日　第1刷発行

著者　福田拓哉

発行人　久保田貴幸

発行元　株式会社 幻冬舎メディアコンサルティング
〒151-0051　東京都渋谷区千駄ヶ谷4-9-7
電話03-5411-6440（編集）

発売元　株式会社 幻冬舎
〒151-0051　東京都渋谷区千駄ヶ谷4-9-7
電話03-5411-6222（営業）

印刷・製本　瞬報社写真印刷株式会社

検印廃止

ISBN　978-4-344-91660-9 C0033

幻冬舎メディアコンサルティングHP
http://www.gentosha-mc.com/